_____ 님께

인생에는 항상 플랜B가 있더군요.
당신의 인생을 응원합니다.

복福된 하루가 이어질 겁니다.
행복幸福하실 겁니다.

_____ 드림

다시,
시작하는
인생
수업

다시,
시작하는
인생
수업

인생에는 항상 플랜B가 있더군요

이순국 지음

📖동양북스

인생의 행복은 어디에서 오는가?
행복하기 위해 무엇을,
어떻게 해야 할까?

"사업하시던 분이 어떻게 건강전도사가 되셨어요?"

"그 연세에 왜 대학에서 젊은 사람들과 함께 힘들게 공부하시는 건가요?"

"박사학위를 대체 몇 개나 더 따실 생각이세요?"

삶의 방향을 사업에서 건강으로 바꾼 이후 만나는 사람마다 이렇게 묻는다. 얼마 전에 출연한 채널A의 '나는 몸신이다' 프로그램 진행자인 정은아 아나운서도 비슷한 질문을 했다.

"(정말 재벌이었던) 그때가 좋으신가요?
아니면 지금이 괜찮으신가요?"

내 대답은 간단했다.

"돈 재벌은 (시간이 지나면) 없어질 수도 있잖아요.
그런데 건강 재벌은 갈 데까지 가잖아요."

내 말은 그때보다 지금이 더 좋다거나 사업하던 때는 힘들었고 건강전도사인 지금은 행복하다는 의미가 아니다. 나는 돈을 벌기 위해 사업을 하지 않았다. 건강전도사를 자임한 것도 명예를 얻기 위함이 아니다. 사업을 한 것은 기업을 통해 국가와 사회에 이바지하려는 의도에서였고, 건강전도사로 활동한 것은 많은 사람이 건강을 통해 행복한 삶을 살아가도록 돕기 위해서였다. 매 순간 최선을 다해 살았고 무슨 일이든 혼신을 기울였다. 단 하루도 적당히 산 날이 없다. 앞으로도 계속 노년학老年學과 종교학을 연구할 생각이다.

시작과 끝의 연결고리,
모든 건 이어진다

봄이 성큼 다가온 캠퍼스. 여기저기서 가운을 차려입은 졸업생들이 친구들과 혹은 가족들과 삼삼오오 사진을 찍었다. 학생들 손에 들린 튤립과 안개꽃이 어우러진 꽃다발이 여느 때와 달리 더 싱그러워 보였다.

인문과학관 대강당에서 대학원 학위수여식이 진행되었다. 엄숙한 식순이 이어진 뒤 박사학위 수여자들이 호명되었다. 사회자가 내 이름을 불렀다. 단상으로 올라갔다. 총장이 학위증을 수여한 다음 웃으며 축하 인사를 건넸다. 박수가 울려 퍼졌다. 몇 번 경험한 일이었지만, 감회가 새로웠다.

나는 석사와 박사학위 수여자 250여 명 중 최고령자였다. 만 81세의 나이에 순천향대학교 대학원 의과학과에서 예방 의학 분야의 박사학위를 받게 된 것이다. 졸업생 대부분은 20~30대 젊은이들이었고, 만학도라고 해야 40~50대가 고작이었다. 그런데도 이날 석·박사학위를 받는 졸업생 가운데 영어 시험 성적은 내가 1등이었다.

순천향대학교가 있는 충남 아산의 2월 하늘이 한없이 높아 보였다. 하늘을 올려다보며 어떻게 하다 내가 여기까지 오게 된 걸까 생각했다. 50년 세월이 찰나처럼 스쳐 지나갔다.

대학에서 경제학을 전공한 후 사회에 진출한 나는 몇 년 동안 직장생활을 하다 그만두고 사업을 시작했다. 큰 계획이 있거나 돈이 많아서가 아니었다. 여러 가지 상황이 잘 맞아떨어진 덕분이었다. 당시 나는 30대 초반이었다. 야간통행금지가 시행되던 때라 새벽 4시부터 자정까지 일에 파묻혀 살았다. 오로지 앞만 보고 달렸다.

내가 창업한 신호그룹은 재계 순위 25위까지 성장했다. 대단한 기세였다. '부실기업의 조련사', '무서운 작은 거인', 'M&A 마술사', '미다스의 손' 등 수식어는 점점 더 늘어났다.

성을 쌓아 올리는 데는 오랜 시간과 공력이 필요하지만, 무너지는 건 한순간이었다. 대한민국에 IMF 외환위기라는 광풍이 불어닥쳤다. 어디서부터 어디까지, 무엇을 어떻게 손을 써야 할지 가늠할 수가 없었다. 그야말로 속수무책이었다. 30년 넘게 젊음을 다 바쳤던 기업은 그렇게 사라졌다.

다시, 시작하는 인생
후반전이 시작되었다

2010년 마음을 추스르기 위해 일본 여행을 했다. 호텔에 머물던 나는 갑자기 가슴을 쥐어짜는 듯한 통증을 느꼈고 숨을 쉴 수 없어 쓰러지고 말았다. 협심증으로 인한 급성 통증이었다.

협심증은 관상 동맥의 폐쇄나 협착으로 심장 근육에 충분한 혈액이 공급되지 않아 가슴에 통증이 유발되는 질병이다. 생사를 오가던 나는 극적으로 깨어났다.

그즈음 우방건설을 창업해 경영하던 형님 이순목 회장이 갑자기 세상을 떠났다. 형님 나이 74세 때였다. 나나 형님이나 운동과는 담을 쌓고 살던 사람이었다. 스트레스와 과로와 술 담배에 찌들어 살아야 하는 사업가가 열심히 운동하고 식사를 조절하며 건강을 챙기는 건 불가능한 일이었다. 정신이 번쩍 들었다. 나를 먼저 돌봐야 했다. 내 인생 후반전은 이때부터 완전히 새로워졌다.

무엇보다 운동해야겠다고 마음먹었다. 주변에서도 운동을 권했다. 무턱대고 운동을 시작했다. 열심히 했다. 그러다 의문이 생겼다.

'무조건 열심히 한다고 다 좋은 건가?'

'적당한 운동이란 어떤 거지?'

'꾸준히 운동한다는 건 무슨 의미일까?'

하루에 운동을 얼마나 해야 하는지, 무슨 운동을 어떻게 하는 것이 좋은지 궁금한 게 정말 많았지만, 아무도 가르쳐주지 않았다. 운동에 관해 체계적으로 공부하기 위해 서울과학기술대학교 대학원 스포츠과학과 석사과정에 입학했다. 석사논문을 쓴 뒤 곧바로 상명대학교 대학원 체육학과 박사과정에 들어갔다.

그리고, 2018년 8월 상명대학교 대학원 체육학과에서 박사학위를 받았다. 체육을 학문적으로 연구하며 운동을 시작할 때 가졌던 의문들이 대부분 해소되었다.

나만의 운동 일지를 만들어 짜임새 있게 운동하면서 대학, 기업, 관공서, 복지회관 등을 돌며 운동법에 관한 강의를 하기 시작했다. 다른 사람도 나처럼 질문이 많았다. 그걸 풀어주니 다들 좋아했다. 특히 노인들을 대상으로 고령자를 위한 저항성 운동의 필요성을 역설했다. 건강전도사가 된 것이다. 두 권의 건강서도 펴냈다.

체육을 연구하면서 운동의 중요성을 더욱 실감하게 되었고, 의학으로 눈을 돌렸다. 운동이 건강에 좋고 꼭 필요하다는 사실은 과학적으로 증명할 수 있었으나 이를 의학적으로 들여다보면 어떤 결과가 나올지 궁금했다. 순천향대학교 대학원 의과학과에 입학한 건 이런 까닭에서였다. 나는 의학 연구를 통해 '꾸준히 운동함으로써 건강하게 사는 것이 삶의 질을 높이는 데 얼마나 의미가 있을까?', '인간의 행복을 계량화해서 수치로 나타내는 것이 과연 가능할까?' 이런 물음에 대한 해답을 찾고자 했다. 기존 연구를 총망라한 메타 분석이었다.

사람들은 미래의 꿈을 이야기한다. 꿈을 꾸라고 한다. 젊은이는 꿈을 먹고사는 존재라고도 한다. 하지만 나는 꿈을 꾸지 않는다. 지금껏 꿈을 좇으며 살아오지도 않았다.

꿈이라는 게 좋은 말인 것 같지만, 너무 막연하다. 허황한 것처럼 보인다. 구체적이지 않다. 무엇을 어떻게 하라는 건지 모호하다. 이보다는 계획을 세우라는 말이 좋다. 실행 가능한 구체적인 계획을 세우고, 이를 위해 촌각을 아껴 노력하고 땀 흘리는 것이 두루뭉술한 꿈을 꾸는 것보다 낫다.

인생은 무지개를 좇는 시간이 아니다.

내게 주어진 소중한 하루를 최선을 다해 살 뿐이다.

이 책은 '인생을 어떻게 살 것인가?' 고민하는 사람들에게 들려주는 이야기다. 전반전을 마치고 후반전을 준비하는 사람들이 읽으면 도움이 될 것이다.

'삶의 질을 높이려면 어떻게 해야 하는가?'

'인생의 행복은 어디에서 오는가?'

수많은 우여곡절을 겪었는데도 불구하고, 내 인생은 아름다웠고 지나온 시간은 감사와 의미로 가득하다. 모두가 힘들어하는 지금, 이 책이 도움이 되길 간절히 소망한다.

2023년 여름,

청하당(清夏堂)에서 이순국

차례

인생 전반전
뗏목을 잘못 탔으면 재빨리 갈아탈 것

1장   인생은 한 번뿐, 순간에 집중
결심했다면 시작하라

2장   모든 걸 걸어본 적이 있는가?

행동하는 자만이 얻게 된다

인생 후반전

때가 되면 나만의 꽃 한 송이를 피워낼 것

5장　돈 재벌보다 건강 재벌이 좋은 이유

나만의 꽃 한 송이를 피워내다

인생
전반전

떼목을 잘못 탔으면

재빨리 갈아탈 것

인생은 한 번뿐,
순간에 집중

결심했다면 시작하라

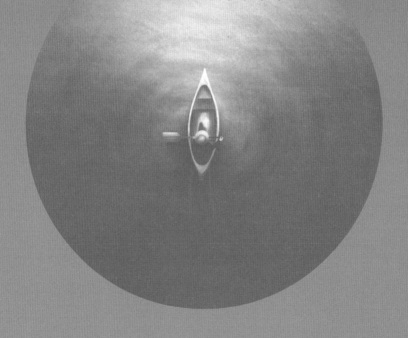

인생에는
항상 플랜B가 있다

'학교를 그만 다녀야겠어.'

경북중학교를 한 해 다니고 난 후 내린 결론이었다. 학비를 내지 못해 교과서 없이 학교에 다니는 일도 힘들었지만, 생계를 유지하기 위해서 고생하는 어머니도 안쓰러웠고, 끼니 걱정에 시름 내려놓을 날 없던 집안 형편도 외면할 수가 없었다. 중학교도 채 마치지 못한 소년이 돈을 벌 수 있는 별다른 수단도 없었으나 그저 뭐라도 해야 할 것만 같았다.

결국 2학년 때 학교를 그만뒀으니 중학교에 다니는 동안 학교에는 등록금을 한 푼도 내지 않았던 셈이다. 내가 자퇴를 결심하게 된 데에는 당시 담임선생님의 조언이 큰 영향을 끼쳤다. 부득

이한 사정으로 기어이 학업을 계속할 수 없다면 검정고시를 치르면 된다고 알려준 것이다. 검정고시에 합격하면 중학교를 졸업한 것과 똑같은 자격이 주어졌다. 게다가 담임선생님은 특별한 배려까지 해주었다. 3학년 수업을 청강할 수 있도록 해준 것이다.

나는 틈틈이 3학년 수업을 들으며 검정고시를 준비했다. 이듬해 친구들은 중학교 3학년이 되었지만, 검정고시에 합격한 나는 경북대학교 사범대학 부속 고등학교에 입학할 수 있었다.

누구나 평탄한 길을 가고 싶지 일부러 굴곡진 길을 가려 하지는 않을 것이다. 초등학교를 졸업하면 중학교에, 중학교를 졸업하면 고등학교에, 고등학교를 졸업하면 대학교에 진학하는 게 자연스러운 일이다. 그러나 살다 보면 어쩔 수 없이 험로로 접어드는 경우가 있다. 그럴 때 낙심하거나 좌절할 필요가 없다. 가다 보면 길은 또 나온다.

플랜A만 길이 아니다. 플랜B도 길이다. 나는 플랜A가 막혔을 때 플랜B를 발견하고 그 길로 갔다. 그 결과 친구들은 중학생인데, 나는 일 년 일찍 고등학생이 되었다. 돌아간 길이 앞서간 길이 된 것이다.

고등학교에 입학할 즈음 집안 형편이 조금 나아졌다. 누님이 한국은행 대구지점에 취직한 것이다. 매달 꼬박꼬박 월급을 받게 되니 끼니 걱정은 덜 수 있었다.

중학생 시절과는 달리 고등학생 때는 학교에 등록금도 밀리지 않고 내고 교과서도 가지고 다녔다. 그 정도만 해도 감지덕지했으나 식구들이 워낙 많았기에 시간 날 때마다 초등학교 아이들을 가르치는 과외 아르바이트를 하며 학교에 다녔다. 검정고시까지 치르며 어렵사리 하는 공부였기에 대충할 수 없었다. 끈질기게 매달렸다. 덕분에 고등학교 내내 성적은 반에서 1~2등이었다.

대학 입시를 앞두고 또 한 번 선택을 해야 했다. 내 개인적인 사정 때문에 한계에 부딪힌 것이다. 나는 색맹이었다. 색채를 식별하는 감각이 불완전해 빛깔을 가리지 못하거나 다른 빛깔로 잘못 보는 증상이었다. 의대나 공대에 진학할 수가 없었다.

설상가상으로 법대에도 갈 수 없었다. 연좌제 때문이었다. 맨 위 형님 두 분이 보도연맹사건에 연루되어 있었다. 6·25전쟁이 발발한 뒤 보도연맹 회원들에 대한 예비 검속檢束이 실시되면서 큰형님과 둘째 형님을 체포하기 위해 집으로 사람들이 들이닥쳤다. 사태를 감지한 큰형님은 미리 몸을 피했지만, 둘째 형님은 잡혀가고 말았다. 경북대학교 사범대학 2학년이었던 둘째 형님은 그날 이후 다시는 집으로 돌아오지 못했다.

보도연맹이란 좌익사상에 물든 사람들을 전향시켜 보호하고 인도한다는 취지로 1949년에 결성된 반공단체다. 대한민국 정부를 지지하고 북한 정권에 반대하는 등의 내용을 주요 강령으로 삼았다. 1949년 말 가입자 수가 30만 명에 달했다. 문제는 6·25전쟁이 터지면서 벌어졌다. 북한의 기습 남침으로 급히 후퇴해야 했던 정부와 국군과 경찰은 보도연맹 회원들이 반란을 일으켜 북한 공산군 편에 설 것을 염려해 이들에 대한 무차별 검속에 이어 즉결처분으로 집단 학살을 자행했다. 자진해서 신고하고 반성문까지 쓴 사람들을 아무 증거도 없이 마구 잡아다가 처형시킨 것이다.

이에 더해 한 사람의 죄에 대해 특정 범위의 사람이 연대책임을 지는 연좌제로 인해 유족들은 가족의 억울한 죽음에 항변조차 하지 못한 채 감시를 당하고 신원조회로 취업이 제한되는 등 각종 정치적, 사회적 불이익을 당해야 했다.

아버지가 일찍 돌아가신 것도 둘째 형님의 죽음과 무관치 않았다. 철도청에 침목을 납품하던 아버지는 6·25전쟁으로 수금을 제때 할 수 없어 사업이 난항에 빠진 데다 전도양양하던 둘째 형님의 날벼락 같은 죽음으로 충격을 받고 속앓이하던 중 병을 얻어 세상을 등지고 말았다.

이와 같은 이유로 나는 법대에 갈 수 없었다. 판사도 검사도 될 수 없는데 법대에 갈 이유가 없었다. 공부 잘하는 학생들은 의대, 공대, 법대에 많이 지원했다. 어떻게 보면 막힌 길이 너무 많다며 낙담할 수도 있었다. 둘째 형님의 억울한 죽음도, 아버지의 안타까운 죽음도, 숙명 같은 가난도, 타고난 색맹도 모두 내 잘못이라고 할 수 없었다.

하지만 나는 벽으로 가로막힌 플랜A의 길을 뚫기 위해 안달하지 않았다. 플랜B가 있었기 때문이다.

거창하진 않지만
내 방식대로

당시 내 입장에서 선택할 수 있는 최선의 방법은 다른 진로를 선택하는 것. 결국 나는 경제학을 공부하기로 했다. 끈질기게 노력한 덕분에 1960년 서울대학교 상과대학 경제학과에 입학할 수 있었다.

대학교 3학년 때 학생군사교육단ROTC에 들어갔다. 학생군사교육단은 4년제 대학 3~4학년 학생들이 2년 동안 군사훈련을 받은 다음 졸업 후 장교로 임관하는 제도다. 3학년 한 해 교육을 잘 받고 4학년에 올라갔을 때였다. 신원조회가 오래 걸리다 보니 그제야 학생군사교육단에서 둘째 형님 일을 알게 되었다. 연좌제가 시퍼렇게 살아 있던 때라 나는 학생군사교육단에서 쫓겨날 수밖에 없었다. 지원했을 때 아무 문제 없다며 합격시킨 뒤 한 해 동안 교육을 잘 받은 학생을 뒤늦게 발견한 연좌제 건으로 어떠한 보상도 없이 쫓아낸 것이다. 항의하거나 소송을 벌일 수도 있었지만, 아무런 미련도 없이 플랜B를 선택했다.

졸업을 앞두고 학생군사교육단에서 훈련받을 시간에 공인회계사CPA 시험 준비를 했다. 원칙을 따지는 서울대 학생들이 잘 치르지 않던 시험이었다. 나는 그해 치른 시험에 합격했다. 공인회계사 공부를 하면서 얻게 된 지식과 자격증은 나중에 직장에 다닐 때나 사업을 할 때 큰 도움이 되었다.

그 무렵 육군 본부에서 공인회계사를 장교로 특채한다는 공고가 났다. 연좌제로 몇 번 곤혹스러운 일을 겪은 터라 직접 전화를 걸어 확답을 받았다.

"제가 연좌제 때문에 학생군사교육단에서 쫓겨난 사람인데⋯⋯ 지원해도 되겠습니까?"

"상관없습니다. 지원하십시오."

"나중에 문제가 될 것 같으면 아예 지원하지 않는 게 나을 것 같습니다."

"아이고, 걱정하지 마십시오. 저희가 신원을 보장하겠습니다."

담당자의 말이 국가가 필요할 때는 그런 걸 따지지 않는다고 했다. 그 말을 믿고 서류를 접수했다. 합격이었다.

나는 학생군사교육단 출신 장교가 아니라 육군 본부에서 특채한 공인회계사 출신 장교가 되어 경북 영천에 있던 육군 경리학교에 입교하게 되었다.

육군 경리학교에는 대위부터 대령까지 전역을 앞둔 장교들이 6개월 동안 집중적으로 공부하면서 공인회계사 시험을 치르는 과정이 있었다. 나는 상법, 경영분석, 회계학 등을 가르쳤다. 입대 당시 1기 1번이었는데, 지금도 공인회계사 출신 장교 모임의 명예회장을 맡고 있다.

둘째 형님 일로 여러 차례 어려움을 겪었지만, 그것 때문에 원한을 품거나 비관하지 않았다. 시대가 그랬기에 어쩔 수 없다고 받아들였다.

순조로워 보이는 플랜A가 안 되면 조금 힘들게 돌아가더라도 플랜B가 있다고 믿었고, 전력을 다해 그 길을 달렸다. 현실을 받아들이지 않고 무조건 부정하거나 저항만 하면 자칫 과거에 사로잡혀 한 치도 미래로 나아가지 못하는 사람이 될 수도 있다. 그러면 그 사람 인생은 뭐가 될 것인가? 자신의 정체성을 찾는 것은 자기 길을 가는 것이다. 인생에는 플랜A 하나만 있는 게 아니다. 플랜B도 있다.

손목시계가
아무리 소중하다 할지라도

1960년 2월 26일 고등학교를 졸업할 때 모범 학생으로 선정돼 경상북도 도지사로부터 상을 받았다. 이때 상품으로 손목시계를 받았다. 생전 처음 차 보는 손목시계였다. 당시 손목시계를 차고 다니는 학생은 극소수였다. 대단한 부잣집 아니면 엄두를 낼 수 없는 귀한 물건이었다.

국산 시계가 아직 만들어지지 않을 때라 일본 세이코 시계 아니면 시티즌 시계였을 것이다. 다음날 손목시계를 찬 채 야간열차를 타고 서울로 올라와 3월 2일 서울대학교에서 입학시험을 치렀다. 시험에 무사히 합격했고, 4월 6일에 있었던 입학식에 참석했다.

대학생이 된 지 며칠 되지 않은 시점에 4·19혁명이 일어났다. 이승만 정부의 독재와 부패에 대한 국민의 항거이자 억눌렸던 민주주의에 대한 열망의 분출이었다. 전국에 계엄령이 선포되었고, 학교에는 휴교령이 내려졌다.

암울한 시절이었다. 그즈음 동기생 세 명과 함께 종로로 바람을 쐬러 나갔다. 답답한 마음도 달랠 겸 술을 마시게 되었다. 시국을 걱정하는 이야기부터 대학 생활에 관한 이야기까지 대화를 나누다 보니 술자리가 길어졌다.

대구에서 처음 서울에 올라온 가난한 유학생이었던 나와 달리 세 사람은 종로 거리가 낯설지 않은 도회풍의 대학생들이었다. 이윽고 자리를 파할 시간이 다가오자 다들 나를 빤히 쳐다봤다.

"왜 나를 그렇게 쳐다보는 거야?"

"너, 시계 있지?"

"아, 이 손목시계? 이건 왜?"

"그것 좀 줘봐라. 이거 맡기고 돈을 가져다 계산하면 되겠네."

그중 한 명이 내 손목시계를 가지고 단성사 옆에 있는 중앙전당포에 가서 돈을 빌려왔다. 계산하고 남은 돈으로 우리는 또 술을 마셨다. 다들 나보다 돈 많은 집 아들이었는데, 제일 궁핍한 내가 가지고 있던 손목시계를 전당포에 맡겨 놓고 받은 돈으로 술을 마신 것이다.

"우리 셋이 돈을 모아서 네 손목시계 꼭 되찾아 줄게."

"그래, 걱정하지 마. 나중에 찾으면 돼."

친구들은 술을 마시며 이렇게 말했다. 나라의 미래가 한 치 앞을 알 수 없는 지경이었고, 원대한 포부를 품고 시작한 대학 생활이 한없이 어둡게 보일 때였으니 그깟 손목시계가 뭐 그리 대수인가 싶기도 했다. 그날 우리는 수많은 대화를 통해 서로를 위로하고 보듬었다.

그 뒤 그 친구들을 학교에서 다시 만났고 함께 공부했으며 어울려 술을 마셨다. 하지만 단 한 번도 내 손목시계에 관해 이야기한 적이 없다. 돈을 모아 손목시계를 찾으러 중앙전당포에 가야 한다고 말한 친구도 없었고, 나 또한 약속대로 중앙전당포에 가서 내 손목시계를 찾아다 달라고 말하지 않았다. 언제 그런 일이 있었느냐는 듯 까맣게 잊어버렸다.

"너희들 왜 내 손목시계 돌려주지 않는 거야? 전당포 가서 찾아준다고 약속했잖아?"

내가 친구들에게 이렇게 말하며 다그쳤더라면 어떻게 되었을까? 학교에서 친구들을 볼 때마다 손목시계 찾아내라며 떼를 썼으면 어떻게 되었을까? 손목시계를 찾을 수 있었을까?

나는 지난 일에 연연하지 않는다. 못 이룬 일에 아쉬움을 갖거나, 돌이킬 수 없는 일에 미련을 두거나, 그때 왜 그랬을까 후회해 본 적이 별로 없다. 당시 그렇게 말하거나 행동했다면 그 상황에서 그럴 수밖에 없었으려니 혹은 여러 사정을 고려해 가장 무난하게 처리한 일이려니 생각한다. 최선을 다한 것이라 믿는 것이다. 그러고는 가슴에 담아두지 않는다.

얼마 전 그중 한 친구가 세상을 떠났다. 조문하러 갔다가 다른 두 친구를 만났다. 우리는 대학 시절은 물론 그 후로도 자주 만나 교분을 나누었다. 손목시계가 우리의 우정을 가로막지는 못했다. 내가 그 일에 미련을 두었더라면 우리 관계는 유지되기 힘들었을지 모른다.

강을 건넜으면
타고 온 뗏목을 버려라

인생을 사는 지혜 중 하나는 아쉬움과 미련과 후회를 하지 않거나 적게 갖는 것이다. 아쉬움과 미련과 후회가 많을수록 미래보다는 과거에 집착하기 쉽다. 흘러간 강물은 돌아오지 않는다. 쳐다보고 있는 사람만 힘들 뿐이다. 그 시간에 새로운 강물을 바라보는 게 낫다.

"나 때는 말이야."

"내가 이래 봬도 왕년에 말이지……."

이런 말을 입에 달고 사는 사람이 있다. 젊은 사람을 보면 자꾸 훈계하려 들고, 비슷한 연배의 사람을 만나면 하염없이 옛날이야기만 하려 든다. 그래서 어쩌라는 말인가?

그가 말하는 '나 때'는 이미 지나간 과거요 흘러간 강물이다. '왕년往年'은 떠나간 세월이고 돌이킬 수 없는 시간이다. 다시 갈 수도 없고 되돌아오지도 않는다. 세상이 변한 걸 모르거나 알긴 알지만 인정하려 하지 않는 태도다.

예전에 무슨 일을 했든, 어떠한 위치에 있었든, 어떤 직함으로 불렸든 지금 은퇴했거나 다른 상황에 있다면 그때 일을 아예 잊든가 떠올리지 않으려 애써야 한다. 내 마음과 기억이 그 시절에 사로잡혀 있을수록 젊은이들에게 꼰대 취급을 받을 것이며, 주변 사람들에게 민폐를 끼치는 비호감 인물로 낙인찍힐 것이다.

인생은 능동적으로 탔든 수동적으로 탔든 뗏목을 타고 강을 건너는 것과 같다. 열심히 노를 저은 사람은 빨리 강을 건널 것이고, 느리게 노를 저은 사람은 늦게 강을 건널 것이다. 시기의 차이는 있으나 언젠가는 내가 탄 뗏목이 강 이편에서 저편으로 가 닿게 마련이다. 일단 강을 건넜으면 타고 온 뗏목은 빨리 버려야 한다. 지나온 강물이나 처음 뗏목을 탔던 강 건너편을 쳐다볼 필요가 없다. 내게는 다시 올라타야 할 새로운 뗏목이 있기 때문이다. 새 뗏목을 타고 또 열심히 다른 강을 건너야 한다. 일생에 단 한 번만 뗏목을 타는 사람도 있고, 몇 번 뗏목을 갈아타는 사람도 있으며, 수없이 많은 뗏목을 갈아타는 사람도 있다.

"살면서 가장 후회되는 순간은 언제였나요?"

"지금까지 하신 일 중에 제일 보람 있는 일은 어떤 건가요?"

기자들과 인터뷰하다 보면 이런 질문을 종종 받는다. 그가 원하는 대답을 해줄 수도 없을뿐더러 이런 질문 자체를 좋아하지 않는다. 후회라는 걸 해본 일이 없고, 내가 한 일 중 어느 게 보람 있고 어느 게 보람 없다고 평가해 본 적이 없기 때문이다.

지금껏 매사에 최선을 다했고, 그 결과를 오롯이 받아들였다. 그래서 후회할 일도, 보람을 느낄 일도 없다. 어떤 일에 대해 "보람 있다", "잘했다"라고 하면 그 나머지는 "보람 없다", "잘못했다" 이렇게 여겨지거나 해석될 수 있다. 이런 비교를 하지 말아야 한다. 뗏목을 탔으면 열심히 노를 저을 것고, 강을 건넜으면 빨리 타고 온 뗏목을 버려야 한다.

학교 다닐 때는 학생으로서 최선을 다하고, 군대에서는 군인으로서 최선을 다하며, 사업할 때는 사업가로서 최선을 다하면 된다. 그거면 족하다. 나를 누군가와 비교하거나 특정한 시절의 나와 현재의 나를 비교할 필요가 없다. 비교하며 평가하는 순간 불행해진다. 좋은 것을 자꾸 생각하면 나쁜 것도 떠오르기 마련이다.

남과도 비교하지 말고 자기 자신과도 비교하지 말아야 한다. 계속 비교하니까 우울하고 불안하고 불행하다고 느끼는 것이다. 중학생 때의 나와 대학생 때의 나를 비교하면 뭘 할 것인가? 이미 비교 대상이 아니다.

내가 탄 뗏목의 노를 열심히 저어 강을 무사히 건넜는데도, 그 결과가 처음 계획한 대로 되지 않을 수 있다. 완벽한 인생이 없는 까닭이다. 공부도 잘하고 가정도 행복하고 대인관계도 좋고 돈도 잘 벌고 선한 일도 많이 하고 하는 일마다 성공을 맛보는 그런 인생은 없다. 최선을 다했으나 결과가 신통치 않을 때가 있는 법이다.

낙방도 하고 이혼도 하고 실패도 할 수 있다. 어쩔 수 없다. 있는 그대로를 인정하고 받아들인 다음 다시 시작하면 된다. 집착하고 연연하면 과거에 매여 살게 된다. 흘러간 뗏목을 쳐다보지 말아야 하는 이유다.

자신의 정체성을 찾는 것은 자기 길을 가는 것이다.
인생에는 플랜A 하나만 있는 게 아니다.
플랜B도 있다.

뗏목을 잘못 탔으면
재빨리 갈아타라

인생이 뗏목을 타고 강을 건너는 것이라면 어떤 뗏목을 타야 좋을까?

내가 타야 할 뗏목, 내 정체성에 맞는 뗏목은 반드시 온다. 조급한 마음을 갖지 말고 흘러가는 강물을 가만히 바라보고 있으면 내가 탈 뗏목을 발견할 수 있다. 그것이 자연이고 인생이다.

내가 타야 할 뗏목이 앞에 왔을 때 이를 제대로 타려면 그에 맞는 준비를 해야만 한다. 능력을 키우고 실력을 기르는 것이다. 시험을 봐야 한다면 공부해야 하고, 필요한 자격증이 있으면 따야 하며, 어울리는 소양이 있으면 갖춰야 한다.

이런 준비를 한 상태에서 내 정체성에 맞는 뗏목이 왔을 때 놓치지 않고 탈 수 있다. 준비된 사람에게 기회는 온다.

내 정체성에 맞는 뗏목인 것 같아 얼른 올라탔는데, 가다 보니 내게 맞는 뗏목이 아니라고 판단되면 어떻게 해야 할까?

이왕 탔으니 강을 건널 때까지 타고 가는 것이 좋을까?

그렇지 않다. 이럴 때는 뗏목을 타고 가며 오랫동안 생각할 게 아니라 일단 내려야 한다. 가까운 강기슭으로 뗏목을 대고 내려오는 것이 먼저다. 잘못된 뗏목일망정 지금까지 타고 온 시간과 노력이 아까워 그냥 타고 가면서 고민하거나 다른 뗏목이 확실하게 보일 때까지 타던 뗏목 위에 그냥 버티고 있는 것은 인생을 허비하는 것이고 시간을 낭비하는 것이다.

바로 위 형님인 우방건설 이순목 회장은 세 번 뗏목을 갈아탔었다. 영남대 상학과를 졸업한 형님은 대구상업고등학교에서 부기를 가르치던 교사였다. 이후 돌연 교직을 떠나 코오롱에 입사해 회사 생활을 했다. 그러다 1978년 우방주택을 창립하면서 주택사업을 시작했다. 형님의 철저한 장인정신과 엄격한 품질경영은 국내 주택건설업에 새로운 활력을 불러일으켰다.

하루도 빠짐없이 건설 현장을 돌며 조금이라도 부실한 곳이 보이면 망치를 꺼내 부수고는 "내가 살 집이라고 생각하고 지어달라"면서 직원들을 독려했다. 이때부터 '망치 회장'이라는 별명이 붙었다. 우방은 1992년 12개 계열사를 거느린 그룹사로 지정되며 승승장구했다. 그런데도 외환위기라는 거대한 쓰나미 앞에서는 버텨낼 수가 없었다.

경영인 자리에서 물러난 형님은 오랫동안 가슴에 품고 있던 교육자로서의 꿈을 펼치기 시작했다. 1991년 부도 위기에 처한 정화교육재단을 인수해 대구광역시 수성구에 있는 정화중학교와 정화여자고등학교를 전국적인 명문 학교로 육성해 나갔다. 전인교육을 강조한 이순목 이사장의 의지에 따라 정화여자고등학교는 전국 최상위의 학업성적을 올리는 학교로 자리매김하는 한편 빙상부, 골프부, 스키부 등 운동부에서도 뛰어난 기량과 성적으로 이름을 높였다.

같은 해 구미교육재단 이사장까지 맡은 형님은 경상북도 구미시에 구미대학교를 설립하고 1992년 3월 9일 첫 신입생을 맞이했다. 이후 2012년 세상을 떠날 때까지 형님은 오로지 교육에만 매달렸다.

그런데 당시 형님이 일찍 세상을 떠나자 혼신으로 일군 회사가 갑자기 무너지면서 화병을 얻어 그렇게 된 거라는 소문이 돌았다. 그러나 그렇지 않다. 형님은 예전에 그랬듯이 사업가에서 교육자로 빨리 뗏목을 갈아탔다. 새로운 출발은 잘했으나 사업할 때부터 누적되어 온 스트레스와 과로 등이 한꺼번에 밀어닥치는 바람에 안타깝게 타계하고 만 것이다.

나 역시 신호그룹이 해체된 뒤 어떤 뗏목으로 갈아타야 할까 생각했다. 우선 기업이라는 뗏목에서 내린 다음 30년 넘게 타고 왔던 예전 뗏목에 대한 기억을 지워버렸다. 마음을 비우고 조용히 기다렸다. 새로운 뗏목은 반드시 온다고 믿었다.

협심증이 왔을 때 '아, 이게 뗏목을 갈아타는 계기가 되겠구나' 하고 생각했다. 그렇게 협심증으로 인해 기업이라는 뗏목에서 건강이라는 뗏목으로 갈아탔다. 건강을 위해 운동에 매달리면서 과학적이고 체계적인 운동을 위해 운동생리학을 공부하다 보니 체육학 박사에 이어 의학 박사학위까지 받기에 이르렀다.

지금은 건강전도사라는 뗏목을 타고 강 저편으로 가는 중이다. 현재 내 건강과 체력 수준은 40~50대와 비교해도 전혀 뒤지지

않는다. 뗏목에서 어느 때 내릴지, 또 다른 뗏목이 언제 나타날지
는 알 수 없다. 잘 갔는지 아닌지도 강을 건너봐야 알 수 있을 것
이다.

뗏목을 갈아탈 때
가장 필요한 건 '이것'

대학이나 기업 등에서 강의할 때 뗏목 이야기가 나오면 가끔 손녀 이야기를 하곤 한다. 어느 할아버지인들 자기 손녀가 예쁘지 않겠는가마는 내 손녀는 객관적으로 봐도 좀 특별하다.

지원이가 초등학교 다닐 때 바이올린에 소질이 있었다. 시키지도 않았는데 상당히 잘했다. 수석 바이올리니스트로 재능을 인정받았다. 우리나라 최고의 예술 중학교로 평가받는 예원학교에 들어갔다. 예원학교를 졸업하면 서울예고를 거쳐 서울대 음대에 들어가는 게 엘리트 예술 교육의 일반적인 과정으로 여겨졌다.

그런데 이 아이는 예원학교 2학년 때 자퇴를 하고 일반중학교인 대치중학교에 들어갔다. 스스로 결정한 것이었다. 바이올린으로 밥벌이는 할 수 있겠지만, 최고가 될 수는 없다고 판단한 듯했다. 어린 나이에 자발적으로 뗏목을 갈아탄 것이다.

그 뒤 숙명여고에 진학한 지원이는 그림 공부를 열심히 해서 미국 명문 예술대학인 로드아일랜드 스쿨 오브 디자인RISD으로 유학을 떠났다. 지금은 영국으로 건너가 왕립예술대학RCA에서 석사과정을 마치고 박사학위를 준비 중이다. 왕립예술대학은 1837년에 설립된 영국 유일의 미술 및 디자인 분야 대학원 과정으로만 구성된 대학이다.

지원이가 좋은 학교에 들어갔다고 해서 대견하게 여기는 게 아니다. 중학교 2학년 학생이 갑자기 잘 다니던 학교를 그만두고 완전히 다른 진로로 방향을 바꾼 그 결단과 행동을 격려하는 것이다. 이 길이 아니다 싶을 때 가던 길을 돌이켜 다른 길로 접어든다는 게 쉬운 일이 아니다. 손녀가 그 나이에 음악에서 미술로 과감히 뗏목을 갈아타는 것을 보면서 아낌없는 박수를 보냈다.

자기만 아는 어떤 계기가 있었을 것이다. 한 학교나 한 지역에서 잘하는 것과 전국이나 전 세계에서 잘하는 것은 다른 차원이다. 그렇다 해도 부모를 설득하면서 안전한 길을 놔두고 미지의 길로 들어선다는 건 대단한 용기라고 할 수 있다.

"저는 A라는 뗏목을 타고 싶었는데, 현실적으로 이것저것 따질 겨를도 없고 마냥 기다릴 수도 없어 우선 급한 대로 눈앞에 보이는 B라는 뗏목을 탔습니다. 지금 무난하게 잘 가는 중이지만, 아무리 생각해도 내가 타야 할 뗏목이 아닌 것 같습니다. 어떻게 해야 할까요?"

뗏목 이야기를 하다 보면 이런 질문을 받을 때가 있다. 내 정체성을 파악하고 그에 맞는 뗏목을 기다렸다가 제대로 타면 좋겠지만, 사정상 아무 뗏목이나 타고 가다가 중간에 이 뗏목이 내 정체성에 맞지 않는 뗏목이라는 생각이 자꾸 들면서 고민에 빠지는 것이다.

정체성을 고려하지 않고 아무 뗏목이나 그냥 탈 수밖에 없는 상황, 도중에 이 뗏목이 내 정체성과 맞지 않는 것 같아 괴롭지만 그렇다고 즉시 뛰어내려 다른 뗏목으로 갈아탈 수 없는 현실, 이것이 많은 사람을 힘들게 하는 대목이다.

여기서 어쩔 수 없는 상황과 현실이라는 건 매달 받는 월급, 일정한 수입, 가족을 건사해야 하는 책임감, 끊을 수 없는 인간관계, 적당히 타협하고 안주하려는 마음 등이다.

이런 마음이라면 한마디로 '용기 부족'이라고 말하고 싶다.

뗏목을 갈아타려면 용기가 필요하다. 어쩌면 인생에서 가장 중요한 것이 바로 이것이다.

이 뗏목이 내가 끝까지 타고 가야 할 뗏목이 아니라는 판단이 들었을 때 과감히 뗏목에서 뛰어내릴 수 있는 용기, 내 정체성에 맞는 뗏목이 올 때까지 참고 기다리며 묵묵히 준비할 수 있는 용기, 이것이 필요하다.

교육이란 자기 정체성에 맞는 뗏목을 찾아낼 수 있는 안목과 중간에 언제라도 뗏목을 갈아탈 수 있는 용기를 심어주는 것이다. 부모가 자식의 뗏목을 직접 찾아주고 태워주고 심지어 노까지 저어주는 것은 교육도 아니고 자식 사랑도 아니다. 자식의 인생을 망치는 일이다. 주체적으로 자기가 탈 뗏목을 찾고 타고 갈아타야 한다.

"맞지도 않는 뗏목을 타고 오느라 한평생을 다 보냈네……."

"아닌 줄 알았지만, 목구멍이 포도청이라 도저히 뗏목을 갈아탈 수가 없었어……."

자기 정체성에 맞지 않는 뗏목인 줄 알면서도 그냥 뗏목 위에 걸터앉아 강 저편까지 흘러가는 사람이 있다. 그러고서는 나중에 이렇게 신세 한탄을 한다. 용기가 없어 허망하게 흘려보낸 세월을 누가 보상해 줄 것인가?

상황과 현실이라는 게 녹록지 않을 수 있다. 그러나 과감하게 뗏목을 갈아타도 살아갈 길이 보인다. 내려와야만 다른 뗏목을 탈 수 있다. 강 수심이 있을 때 조금이라도 빨리 내려야 다른 뗏목을 만날 기회가 온다.

사람들은 행동하지 않으면서, 도전하지 않으면서 뗏목이 오지 않을까 봐, 또 뗏목을 잘못 탈까 봐 지레 겁을 먹는다. 걱정하지 마라. 일단 뗏목에서 내려오면 또 다른 세상이 펼쳐진다. 그걸 못 기다리는 건 두려움과 조급함이다. 자기 자신을 믿고 과감히 뛰어내려라. 절대 굶어 죽지 않는다.

사람들은 행동하지 않으면서,
도전하지 않으면서 뗏목이 오지 않을까 봐,
또 뗏목을 잘못 탈까 봐 지레 겁을 먹는다.
걱정하지 마라.
일단 뗏목에서 내려오면 또 다른 세상이 펼쳐진다.
그걸 못 기다리는 건 두려움과 조급함이다.
자기 자신을 믿고 과감히 뛰어내려라.
절대 굶어 죽지 않는다.

먼 미래보다
가까운 미래를 생각하라

그렇다면, 나에게 딱 맞는 뗏목은 과연 어떤 걸까?

이 뗏목이 내 정체성에 맞는 뗏목인지 아닌지를 어떻게 알아볼 수 있을까?

내가 타야 할 뗏목의 조건이 있다면 어떤 것일까?

일단 뗏목을 탔을 때 편안해야 한다. 내게 맞지 않는 뗏목은 계속 흔들린다. 그래서 불안하다. 하지만 내게 맞는 뗏목은 편안하고 안정감을 느낀다. 노를 저어 앞으로 갈수록 기쁨과 성취감을 맛본다. 그런 뗏목을 타고 있다면 그 뗏목이 바로 내 정체성에 맞는 뗏목이다.

막 사회에 진출한 청년들이나 인생 후반전을 앞둔 50~60대 모두가 명심해야 할 것은 나에게 맞는 뗏목은 반드시 온다는 것이다. 누구든지 자기에게 맞는 뗏목이 있다. 이걸 믿어야 한다.

"저는 이다음에 커서 대통령이 될 거예요."

"내 꿈은 아인슈타인 같은 과학자가 되어 노벨상을 받는 겁니다."

초등학교에 다니는 아이들이 이런 말을 한다면 칭찬해야 할까 아니면 허튼소리 하지 말라고 야단을 쳐야 할까? 대개 부모들은 반색하며 큰 꿈을 가진 아이라고 칭찬할 것이다.

아무런 꿈도 없는 것보다는 꿈을 꾸는 게 좋고, 이왕이면 원대한 꿈을 꾸는 게 낫다고 생각하는 사람이 많다. 대통령이 되려고 노력하다 보면 적어도 고급 공무원 정도는 되지 않겠는가, 노벨상을 받는 과학자가 되려고 애쓰다 보면 최소한 대학 교수쯤은 되지 않겠는가 여기는 것이다. 그래서 꿈꾸는 데는 돈이 들지 않으니 이왕이면 큰 꿈을 꾸라고 말한다.

그러나 내 생각은 다르다. 중진 국회의원이나 유력 정치인이 대통령을 꿈꾼다면 상당히 실현 가능성 있는 타당한 꿈일 것이다. 학계에서 인정받는 대학교수나 전문 연구원이 노벨상을 목표로 한다면 이루어질 가망이 높은 합리적 꿈일 것이다. 그런데 초등학생이 이런 꿈을 꾸는 것은 어울리지 않는다.

초등학생이면 당장 다음 시험을 어떻게 치를지, 친구들과 어디서 시간을 보낼지, 중학생이 되면 뭘 할지를 생각하는 게 맞다. 지금 내 눈 앞에 펼쳐진 현실 속에서 구체적으로 할 수 있는 일을 하나씩 찾는 것이 바람직한 순서라는 말이다. 앞서 내가 꿈을 꾸지 않는다고 한 말은 이런 의미다.

뗏목을 타고 인생의 노를 저어 갈 때 어디를 바라볼 것인가? 앞을 바라보는 건 당연한 일이다. 미래에 관해 예측하고 연구하고 고민하는 건 필요한 일이다. 하지만 20~30년 후의 먼 미래를 생각하는 건 현실성이 없다. 먼 미래만 바라보면 망상을 하게 된다. 세상은 하루가 다르게 변화하는 중이다. 4~5년 이내의 가까운 미래를 생각하면서 구체적인 계획을 세워 실천하는 것이 지혜로운 자세다.

먼 미래는 가까운 미래가 차곡차곡 쌓여서 이루어진다. 100개의 계단을 올라가려면 당장 눈앞에 있는 첫 번째 두 번째 계단을 쳐다보고 발을 내디뎌야 한다. 빨리 가야지 하는 성급함과 목표만을 바라보는 무모함으로 발 앞은 쳐다보지도 않고 100번째 맨 꼭대기 계단만 바라보고 성큼 발을 내디디면 헛디뎌서 넘어지게 마련이다. 한꺼번에 100개의 계단을 오를 수는 없다. 한 계단 한 계단 순서대로 올라가야 한다. 지금은 발을 옮기는 서너 개의 계단에 시선을 집중해야 한다. 100번째 계단은 99번째 계단에 발을 디뎌야 다다를 수 있다.

대학생이 되었다면 첫 학기를 어떻게 보낼 것인가, 여름방학에는 무엇을 할 것인가 정도만 생각하고 이에 집중하는 게 현명하다. 조금 더 계획을 세운다면 대학 졸업 후 어떻게 사회생활을 시작할 것인가까지만 구상하면 된다. 그 이상을 생각하는 건 막연할 뿐이고 헛된 꿈이 될 공산이 크다.

직장에 취직했다면 맡은 업무를 빨리 익히고 조직에 적응하는 게 급선무다. 전무나 사장이 됐을 때 회사를 어떻게 이끌어가고 바꿀 것인가 계획을 세우는 건 무모한 일이다. 가시적인 미래를 바라보고 실현 가능한 계획을 세워야 한다. 그때그때 내가 할 수 있는 일에 최선을 다하면서 한 계단씩 올라갈 때 먼 미래도 담보되는 것이다.

막연한 먼 미래만 바라보고 현재 일을 소홀히 하는 것은 어리석다. 이런 꿈은 이루어지지 않는다.

가까운 현실에 성실해야
미래의 꿈이 또렷해진다

나의 대학 생활은 매일매일 힘겨웠다. 당장은 이번 달 길게는 한 학기를 잘 견디는 게 목표였다. 가장 좋은 건 입주 과외를 하는 것이었다. 학생 집에서 먹고 자고 공부를 가르치면서 대학을 다니는 방식이었다. 한 달에 얼마씩 과외비를 받을 수 있어 학비에도 보탬이 됐다.

하지만 처음 서울에 올라왔을 때는 연고도 인맥도 없었기에 입주 과외는 물론 적당한 아르바이트 자리조차 구할 수 없었다. 당시 동아일보에서 주간지가 창간되었다. 나는 그걸 팔러 다녔다. 길 가는 사람을 붙잡고 판 게 아니다. 동창회 명부를 보고 회사에 다니는 선배들을 무작정 찾아갔다. 반값에 가져왔기에 두 권을

팔면 한 권 판 돈이 내 몫이 되었다.

"선배님, 안녕하십니까? 상학과 10회 졸업이시죠?"

"누구신지……."

"아, 저는 경제학과 1학년 이순국입니다. 이번에 새로 나온 잡지 한 권만 사주십시오."

그때는 대학생들도 교복을 입고 다녔다. 나 역시 교복을 입고 다녔기에 차림새만 봐도 학교 후배임을 바로 알 수 있었다. 학비를 마련하느라 잡지를 팔러 왔다는 걸 알면서도 반응은 호의적이지 않았다. 직장에 다니는 선배들도 박봉에 빠듯하게 생활하고 있었을 것이다.

"참 나…… 왜 이렇게까지 하고 다니는 거야?"

고생하는 후배가 안쓰러워서 한 권 사주는 선배보다 이렇게 편잔을 주는 선배가 더 많았다. 그래도 주눅이 든다거나 힘들다고 생각하지 않았다. 오직 내 현실만을 직시했다.

입주 과외를 구하는 방법도 고단하기 짝이 없었다. 신문에 세로로 한 줄짜리 광고를 냈다. 예를 들면 '입주 과외 구함. 서울대 경제학과 1학년 이순국. 전화 ○-○○○○' 이런 식이었다. 그런

다음 전화가 걸려오기를 학수고대한다. 돈이 없어 친구 셋이 방 하나를 얻어 자취하는 집에 전화기가 있을 리 없었다. 전화번호는 학교 앞 다방 전화번호였다. 틈날 때마다 다방에 들러 혹시 전화가 왔는지 메모를 확인하고 미안하니까 커피를 한 잔 마셨다.

"손님 중에 이순국 씨 계세요?"

"아 네, 접니다!"

"전화 받아보세요."

"전화 바꿨습니다. 아, 장충동이요. 감사합니다."

그 시절 다방은 전화를 기다리는 사람들의 집합소였다. 공중전화는 걸 수밖에 없으니 받는 전화는 다방을 이용하는 게 가장 편했다. 이렇게라도 전화를 받아 입주 과외를 구할 수 있으면 다행인데, 며칠 동안 기다려도 전화가 걸려오지 않으면 낭패였다. 다방 주인 눈총이 여간 매섭지 않았다. 그러면 이미 입주 과외를 구한 친구에게 사정해 그 집 전화번호를 신문에 게재했다. 친구가 대신해서 전화를 받아주는 것이다. 힘들게 입주 과외를 구하면 한동안 마음 편히 지낼 수 있었다. 한 학기 혹은 일 년 동안 먹고 잘 곳이 마련된 까닭이다.

서러움을 많이 당했지만, 창피하다거나 한심하다는 생각은 들지 않았다. 내가 응당 겪어내야 할 일이라고 받아들였다. 상황과 현실은 선택하는 게 아니라 주어지는 것이기에 판단의 대상이 아닌 수용의 대상이라고 여겼다. 해결하면 되는 것이었고, 해결의 주체는 나였다.

1960년 4·19혁명, 1961년 5·16 군사 쿠데타, 1964년 한일회담에 반대하는 6·3 시위 등이 차례로 이어지면서 사회는 혼란스러웠고, 대학가는 어수선했기에 차분한 면학 분위기가 조성될 수 없었다. 언제 무슨 일이 벌어질지 모르는 시대였다.

주어진 하루를 충실히 살면서 일주일, 한 학기, 일 년을 구체적으로 계획해 무사히 보내는 게 최선이었다. 먼 미래보다 가까운 미래를 생각하는 건 이때부터 몸에 밴 습관 같은 것일지도 모른다. 그러나 가까운 미래를 향해 최선을 다한 하루하루가 모여 먼 미래의 윤곽이 점점 더 선명하게 드러났다.

인생은 언제나 현재진행형이다

고등학교 3학년 때 일이다. 여름방학을 얼마 남겨 놓지 않은 시점이었다.

"자, 이번 여름방학은 대단히 중요하니까 두 반으로 나눠서 과외 공부를 하도록 하자."

담임선생님이 방학에도 쉬지 말고 공부하자는 제안을 한 것이다. 입시가 코앞으로 다가왔으니 방학이라도 노는 것보다는 공부에 집중하는 게 당연했다.

그런데 아이들의 반응은 둘로 나뉘었다. 먼저, 매도 먼저 맞는 게 낫다고 우선 공부부터 한 다음에 시간이 되면 나중에 노는 게 좋겠다는 아이들이 있었다. 이런 아이들은 선발 그룹으로 들어갔다. 나는 공부부터 먼저 하는 선발 그룹이었다.

반면에, 아무리 고3이라도 그동안 공부하느라 고생했으니 우선 놀다가 뒤에 공부하는 편이 낫겠다는 아이들이 있었다. 그런 아이들은 후발 그룹으로 들어갔다.

여름방학이 되자, 선발 그룹은 선풍기도 없는 교실에서 매일같이 땀을 뻘뻘 흘리며 공부에 열중했다. 후발 그룹에 속한 아이들은 강릉, 포항, 경주 등으로 즐거운 피서를 떠났다. 그런데 그해 장마가 길게 이어져 비가 엄청나게 내렸다. 지금처럼 도로 사정이 좋지 못했기에 곳곳에 홍수가 나서 길이 끊겨 버렸다.

선발 그룹 공부가 끝나고 후발 그룹 공부가 시작될 때가 되었는데도, 피서 갔던 아이들은 돌아오지 못했다. 그러자 두 가지 반응이 나타났다.

"이왕 이렇게 되었으니 계속 공부해서 여름방학 한 달 다 채우지 뭐."

선발 그룹에서 공부하던 아이들의 반응이었다.

"어쩔 수 없는 천재지변 아냐? 어차피 여름방학이니까 그냥 더 놀다 가지 뭐."

한편, 후발 그룹으로 피서를 떠났던 아이들의 반응이었다.

선발 그룹은 공부를 끝내도 어디 놀러 갈 수가 없게 되었으니 공부를 더 했고, 후발 그룹은 제때 돌아올 수 없으니 간 김에 더 놀다 온 것이었다. 결국, 고3 여름방학 한 달 동안 한 그룹은 내내 공부만 했고, 한 그룹은 내내 놀기만 했다.

여름방학이 끝나고 2학기가 되었을 때 어땠을까? 두 그룹의 실력은 확연히 갈라졌다. 비슷한 수준이었던 아이들 성적이 확 벌어진 것이다. 그 차이는 좁혀지기 어려웠고 얼마 뒤에 있는 대학 입시에 고스란히 반영되었다.

처음부터 의도한 건 아니었다. 이렇게 되리라 예상한 사람도 없었다. 지금 해야 할 일을 먼저 하려는 사람과 나중에 해도 괜찮다고 미뤄둔 사람에게 닥친 뜻밖의 결과였다. 그러나 그 격차는 대단히 컸다. 이것이 인생이다.

해야 할 일이라면 당장 그 일부터 하는 게 좋다. 먼저 해야 할 일을 뒤로 미루어두면 중간에 무슨 일이 벌어질지 모른다. 기회가 다시 오지 않을 수도 있다. 전혀 다른 장면이 펼쳐질 수도 있다. 그때그때 끝내고 넘어가야 한다.

"오늘 할 일을 내일로 미루지 말라." 되새길수록 값진 말이다.

현실에 100% 집중하라.
현재가 쌓여야 미래가 된다

대학에 가 보니 경제학과는 상과대학 소속이었다. 흔히 상과대학이라고 하면 회계, 부기, 재무, 경영, 무역 등을 떠올린다. 은행이나 기업 등에서 필요로 하는 돈을 관리하고 운용하는 기술이나 방법을 배우고 연구하는 곳이라는 이미지를 가지고 있다.

그러나 경제학은 그런 학문이 아니다. 인간의 욕망은 무한한데 이를 충족시키기 위한 수단은 제한되어 있다는 사실, 즉 자원의 희소성을 전제로 그 제한된 수단을 가장 효과적으로 활용하고자 선택하는 과정에서 자원이 어떻게 분배되고 소득이 처리되는가를 관찰하며 이에 관한 일반적인 법칙을 밝혀내는 학문이다.

인적·물적 자원이 분배되는 과정에서 수많은 경제적·사회적 문제들이 발생한다. 이를 적절히 해결할 방법을 찾아내는 것도 경제학이 해야 할 일이다.

따라서 경제학은 철학적이며 정치적인 학문이다. 상과대학보다는 문리과대학에 더 잘 어울리는 학과였다.

대다수 경제학과 학생들 특히 서울대학교 경제학과 학생들은 이런 생각이 강했다. 큰 가치와 이념을 놓고 논쟁했지 실물 경제와 미시경제에는 별 관심이 없었다.

이런 까닭에 공인회계사 시험을 보려는 학생이 드물었다. 공인회계사는 국가에서 주관하는 일정한 자격시험에 통과한 사람이 타인에 대한 회계, 세무, 재무 자문, 감사 등의 직무를 수행하는 전문직을 가리킨다. 재정 고시라는 표현을 쓸 정도로 시험이 까다롭지만, 합격만 하면 대형 회계법인은 물론 금융기관이나 정부기관 또는 대기업 등에 취업할 수 있었다.

"우리가 그깟 회계 장부나 들여다보려고 경제학과에 들어왔나?"

"야, 남자가 쪼잔하게 공인회계사가 뭐냐? 포부를 크게 가져야지, 안 그래?"

동기생들이나 선후배들은 대부분 이렇게 이야기했다. 이런 학

내 분위기 때문에 공인회계사 시험을 치려는 학생도 소문이 나지 않게 쉬쉬했으며, 심지어 합격했는데도 불구하고 이를 비밀에 부치는 학생도 있었다. 혹시나 속물 취급을 받지나 않을까 염려했기 때문이다.

그런데 그렇지 않은 사람이 있었다. 훗날 서울대학교 총장과 국무총리를 역임한 이현재 교수였다. 그는 교수 중에서도 실용적인 걸 중요하게 생각했다. 게다가 공인회계사 시험의 출제, 채점, 운영 등을 맡은 시험 위원이기도 했다. 강의 중 학생들에게 이렇게 조언했다.

"왜 제군들은 공인회계사 시험을 안 보는 겁니까? 국가 경제를 논하는 데 공인회계사 자격이 무슨 방해가 되나요? 그렇지 않습니다. 경제학도라면 물론 큰 그림도 그려야 하지만, 작은 부분도 세밀하게 들여다볼 줄 알아야 합니다. 시간을 내서 시험을 보도록 하세요."

나는 이현재 교수의 말이 옳다고 생각했다. 전쟁에서 이기려면 커다란 대포도 쏠 줄 알아야 하지만, 작은 소총도 다룰 줄 알아야 한다. 거대 담론만 이야기하며 우국지사처럼 살 수는 없었다. 공인회계사 시험을 보는 게 창피한 게 아니었다. 그런 시각을 가진 게 잘못이었다. 지금 당장 써먹을 수 있는 실용적 도구를 갖춰두는 게 필요했다.

마침 학생군사교육단에서 쫓겨나기도 했기에 시험 준비에 착수해 공인회계사 자격증을 취득했다. 공인회계사 자격증 덕분에 학생군사교육단에서 쫓겨났음에도 장교로 군대에 갈 수 있었고, 나중에 공인회계사로 일할 수도 있었다. 사업을 시작한 뒤로 더 요긴하게 사용되었음은 물론이다.

너무 이상적인 것만 추구하다가 현실에서 정말 중요한 것을 놓치는 우를 범하는 사람이 많다. 지금은 하찮게 보이더라도 나중에 소중하게 쓰일 때가 있는 법이다. 작은 거라도 소홀히 하지 말고 할 수 있을 때 준비해야 한다. 언젠가 중요하게 사용할 날이 온다. 젊을 때 준비하지 않고 큰 꿈만 꾸며 살다가 나이 들어 후회하며 준비하려 해도 머리가 돌아가지 않고 체력도 뒷받침해주지 않는다. 그러면 현실을 비판하면서 비관적으로만 생각하게 된다.

"아, 그때 공인회계사 자격증을 따 놓을 걸……. 그 좋은 걸 왜 안 했는지 모르겠어."

수십 년 뒤 나를 보고 이렇게 말하는 친구들이 있었다. 이미 뗏목은 한참 흘러간 뒤였다.

인생은 언제나 현재진행형이다. 현재가 중요하다. 이번 학기 성적을 올리려면 오늘 공부해야지 내일부터 공부하는 건 의미가 없다. 당장 급한 건 오늘이다. 지금 열심히 해야 한다. 현재 최선을 다하는 것이 나태해지지 않고 잡념을 없애는 길이다.

현실에 100% 집중하라. 그런 현재가 쌓여서 미래가 된다. 내가 현재에 집중하는데 행복하다, 불행하다가 어디 있겠나? 그런 생각할 겨를조차 없다. 그게 잘사는 거다. 그게 자기 정체성을 따라 사는 것이다.

2019년 백상예술대상에서 배우 김혜자 씨는 대상을 받고 나서 이런 수상소감을 남겼다.

"내 삶은 때로는 불행했고 때로는 행복했습니다. 삶이 한낱 꿈에 불과하다지만, 그래도 살아서 좋았습니다. 새벽에 쨍한 차가운 공기, 꽃이 피기 전 달큼한 바람, 해 질 무렵 우러나는 노을의 냄새, 어느 하루 눈부시지 않은 날이 없었습니다. 지금 삶이 힘든 당신, 이 세상에 태어난 이상 당신은 이 모든 것을 매일 누릴 자격이 있습니다. 대단하지 않은 하루가 지나고, 또 별것 아닌 하루가 온다 해도, 인생은 살 가치가 있습니다. 후회만 가득한 과거와 불안하기만 한 미래 때문에 지금을 망치지 마세요. 오늘을 살아가세요. 눈이 부시게.”

2장

모든 걸
걸어본 적이 있는가?

행동하는 자만이 얻게 된다

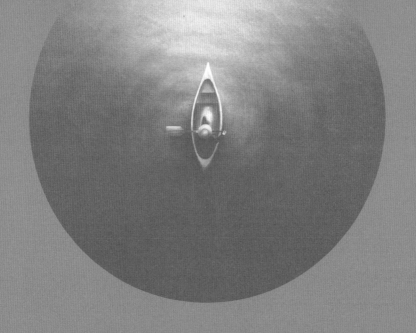

미치지 않으면
앞서갈 수 없다

대학교 4학년 때 육군 경리학교 교관으로 입대한 나는 부대 배치를 받기 전 육군보병학교에서 교육을 받았다. 공인회계사 출신 장교로 군 생활을 시작했지만, 군인으로서 갖춰야 할 필수적인 교육은 예외 없이 받아야 했다.

광주광역시에 있는 분적산에서 훈련받을 때였다. 중대 단위로 공격 훈련을 반복하는 과정이었다. 분적산은 무등산 줄기를 제일 처음 이어받은 산으로 '꽃가루 분紛' 자와 '쌓을 적積' 자를 써서 꽃가루가 쌓이는 산이라 이름 붙여진 아름다운 산이었으나 산세의 풍광에 마음을 둘 수 없을 만큼 훈련은 엄격하고 거칠었다.

하루는 아침부터 배가 몹시 아팠다. 단순한 배탈 수준이 아니었다.

"부대장님, 배가 너무 아파서…… 오늘 교육을 못 받을 것 같습니다."

"뭐라고? 이 새끼 너 장난하냐? 빨리 뛰어가지 못해?"

부대장에게 사정을 이야기했으나 헛일이었다. 욕만 실컷 얻어먹었다. 하는 수 없이 장비를 매고 끙끙대며 산에 오르는데, 도저히 배가 아파 더는 갈 수가 없었다. 조교를 붙들고 죽을 것 같다고 호소했다. 그 조교가 나를 부축해서 산 아래 평지까지 데려다주었다. 그는 파견 나온 다른 부대 조교였다. 부대에서 구급차가 와야 나를 싣고 병원으로 갈 텐데 아무리 기다려도 감감무소식이었다. 오후 4시쯤 겨우 부대에 도착해 사단 의무과로 갔다. 중위 계급장을 단 군의관이 이리 보고 저리 보면서 시간만 끌었다. 그러다 자기가 어찌해 볼 도리가 없으니 77육군병원으로 데리고 갔다. 도착하자마자 긴급 수술을 했다. 복막염이었다.

"이 지경이 되도록 뭐 하다 이제야 온 거야?"

군의관이 나를 보며 야단쳤지만, 늦게 온 건 내 탓이 아니었다. 흔히 맹장염이라고 부르는 급성 충수염은 심한 통증이 따르기 때문에 서둘러 수술해야 한다. 그런데 수술 시기를 놓쳐 충수가 터져버리면 복막염으로 발전해 위험한 상황에 이른다. 이때는 배를 만질 수 없을 정도로 통증이 심각하다.

가까스로 위기를 넘긴 내게 군의관은 최소한 2주일은 입원해야 한다며 소견서를 써서 부대로 보냈다. 이를 받아본 부대장이 5일 만에 병원으로 쫓아왔다.

"이 새끼가 꾀병 부리고 있어? 당장 퇴원해!"

만류하는 군의관을 막무가내로 윽박지른 부대장은 나를 부대로 데리고 왔다. 당장 복귀하지 않으면 퇴교 조치하겠다고 하는데야 어쩔 도리가 없었다. 그날 저녁 내무반에서 점호가 있었다. 그런데 너무 일찍 퇴원한 까닭에 수술 부위가 아파서 똑바로 서 있기가 힘들었다.

"귀관은 오늘 퇴원했나?"

"네…… 그렇습니다."

"그런데 자세가 그게 뭐야? 그거 터진다고 죽는 거 아니야."

점호하던 당직 사관이 구부정한 자세가 마음에 안 든다며 다짜고짜 군홧발로 수술한 내 배를 걷어찼다. 나는 그 자리에 고꾸라졌다. 복막염 수술한 지 5일밖에 되지 않은 부위를 딱딱한 군홧발로 얻어맞았으니 얼마나 아팠겠는가. 터지지 않은 게 천만다행이었다. 그 일로 수술 부위가 가라앉기까지는 상당한 시일이 걸렸고 염증이 생긴 탓에 흉터마저 남았다.

이런 일이 있었으면 정이 떨어져 군 생활에 적응하지 못하거나 대충 시간이나 때우면서 빨리 제대하기만 기다릴 수 있을 것이다. 그러나 나는 반대로 행동했다. 군 생활에 잘 적응하기 위해 더욱 노력했다. 육군 경리학교 교관으로 있을 때 내가 맡은 과목의 강의를 충실히 하기 위해 고시 공부하듯 책을 끼고 살았다.

대학에서 경제학을 전공한 데다 공인회계사 시험에 합격했으니 어지간한 과목은 기본 실력으로 강의해도 상관없었지만, 매시간 최고의 강의를 하기 위해 애썼다. 내 강의를 들은 장교들 가운데 공인회계사 시험 합격자가 많이 나오길 기대했다. 또한, 내가 받아야 할 훈련에서도 다른 사람에게 뒤지고 싶지 않았다.

"군대 와서 공부한다며 밤중에 잠도 안 자는 사람은 이 소위 너밖에 못 봤다. 아예 모포 뒤집어쓰고 손전등 켠 채 공부하더라? 군대에서 1등 해봐야 뭐가 좋다고 그러냐 너는?"

육사 16기인 부대장은 나만 보면 공부 좀 그만하라며 이렇게 말했다.

밤 10시면 모든 내무반이 전원을 끈 채 일제히 취침에 들어갔다. 하루 중 가장 달콤한 시간이었다. 그 시간에 나는 모포 속에서 손전등을 켜놓고 공부를 했다. 내가 강의할 과목은 물론 중대 공격과 화기 사용법 등 군 생활에 필요한 모든 걸 공부했다.

체구도 작고 체력도 강하지 않아 타고난 약골인 내가 임관할 때 임관시험에 1등을 해 국방부 장관상을 받을 수 있었던 건 이 때문이었다. 남들은 군대에서 1등 하면 뭐 하느냐고 했지만, 이왕 할 거면 최선을 다해야 한다고 생각했다.

군 생활은 시간이나 때우다 가는 허무한 세월이 아니었다. 열심히 하면 배울 게 끝이 없었고, 잘 배워두면 제대 후에 사회 생활할 때 요긴하게 써먹을 수가 있었다.

삶의 톱니바퀴는
쉼 없이 돌아간다

육군 경리학교 시절 또 하나의 큰일이 있었다. 교제 중이던 여성과 결혼한 것이다. 전역도 하고 대학도 졸업한 뒤에 번듯한 직장에 들어가 결혼하는 것이 모양새가 좋았겠지만, 어차피 혼례를 치를 결심이 선 이상 망설일 필요가 없다고 생각했다.

아내는 숙명여대 가정학과에서 의류 염색을 전공한 사람으로 입대 전 내가 입주해서 공부를 가르치던 학생의 누나였다. 영어를 좀 가르쳐달라고 해서 틈틈이 알려주다 보니 친해지게 되었다. 우리 부부가 육군 경리학교가 있는 경북 영천에 작은 방 하나를 얻어 신혼살림을 꾸린 건 1966년이었다.

3년 동안의 군 복무를 마치고 1968년 2월에 대학을 졸업했다. 그리고, 그해 5월 한국제지에 입사했다. 어려웠던 시절 한국제지는 직원에 대한 처우가 좋아 대학생들이 선호하는 기업 중 하나였다. 공인회계사로서 시간이 조금 걸리더라도 더 좋은 직장을 찾아갈 수는 있었으나 빨리 독립해서 어머니를 편히 모시고 싶었고 또 이미 결혼해 가정을 이룬 처지라 서둘러 취업을 했다.

이때만 해도 제지업에 대해 특별한 관심을 두고 있지는 않았다. 하지만 한국제지에서 사회생활을 시작한 건 결과적으로 내가 종이와 인연을 맺은 계기였다.

대학 동기들의 부러움을 사며 입사한 한국제지에서 처음 발령받은 근무지는 안양역 근처에 있는 자재 창고였다. 그것도 정식 사원이 아닌 준 사원 발령이었다. 그러나 좋은 회사에서 일하게 되었다는 것만으로도 만족했다.

안양역 부근의 허름한 단칸 사글셋방으로 거처를 옮겼다. 자재 창고에 들어선 순간, 어마어마하게 쌓여 있는 종이 포장을 보고 깜짝 놀랐다. 종이 종류가 그렇게 많은지 처음 알았다. 각 종이의 특성과 무게와 용도 등을 세밀히 분석하며 일을 배웠다. 제지 관련 책을 구매해서 읽었다. 모르는 게 있으면 선배들을 찾아가 물었다. 종이의 생산부터 관리, 유통, 판매까지 제지회사 직원으로서 알아야 할 모든 것을 밑바닥부터 두루 익혔다. 틈틈이 생산 현장에도 찾아가 눈으로 보고 확인했다.

매일 새벽에 출근하고 자정이 다 돼서야 퇴근했다. 숙직도 혼자서 도맡다시피 했다. 입사한 지 6개월쯤 지나자 현장 작업반장들과 자유롭게 토론할 수 있을 정도로 업무 지식이 늘었다.

하루는 한 작업반장과 열심히 토론하다 보니 퇴근 시간이 돼버렸다. 그래서 함께 퇴근하며 근처 포장마차에 들러 술을 마시면서 마저 이야기를 나누었다. 그러다가 서로 집이 어디냐고 물었다. 설명을 듣다 보니 작업반장이 사는 집 주소가 내가 사는 집 주소와 똑같았다.

"아니, 어떻게 이런 일이…… 반장님과 제가 같은 집에 살고 있었다는 말이에요?"

그 작업반장은 내가 세 들어 사는 집의 주인이었다. 6개월가량이나 한집에 살면서도 너무 일이 바빠 집에서 얼굴을 마주친 적이 없던 것이었다. 정말 일에 푹 빠져서 살던 때였다.

인생에는
모든 걸 걸어야 할 때가 있다

회사에서는 나를 지켜보고 있었던 것 같다. 아마도 진득하게 근무할 사람이 아닐 거라고 본 모양이다. 그런데 내가 성실하게 회사에 잘 적응하는 걸 보고 달리 평가한 듯하다.

집주인과의 포장마차 회식 이후 얼마 지나지 않아 정식 사원이 됐고, 곧바로 본사 기획부서로 발령을 받았다. 인사, 경리, 영업 등 핵심 업무를 두루 익히며 관리자로서 갖춰야 할 자질을 차근차근 키워나갔다.

이윽고 나는 회사가 생긴 이래 가장 빠른 기간 안에 경리과 대리로 승진했다. 제일 자신 있게 생각하는 회계와 자금 업무를 맡게 된 것이다.

그즈음 경리과장이 갑자기 회사를 그만두는 일이 벌어졌다. 나는 과장 몫까지 일을 떠맡아야 했다. 입사한 지 3년 만에 과장이 된 것도 내가 처음이었다. 자재 창고에서 제품의 특성과 물류의 중요성을 터득했다면 본사 기획부서에서는 업의 본질과 흐름을 꿰뚫을 수가 있었다.

당시는 정부 주도의 경제개발계획이 시행되면서 산업이 수출 위주로 재편되는 시점이었다. 수출이 상승세를 타고 국민소득 수준이 향상되면 종이 수요는 크게 늘 수밖에 없었다. 제지업이 유망한 산업이 될 가능성이 보인 것이다. 수출 전망도 대단히 긍정적이었다.

하지만 이 무렵 한국제지를 그만두었다. 종이에 관해 배울 만큼 배웠고 제지업계 흐름도 어느 정도 파악한 이상 새로운 분야에 도전하고 싶어진 것이다. 사표를 내자 회사에서 처음에는 믿으려 하지 않았고 나중에는 임원들이 나서서 만류를 거듭했다. 업계에서 일 잘한다고 소문이 나 있었기에 다른 회사들에서 스카우트 제안이 오기도 했다.

하지만, 한번 결심이 선 이상 뒤돌아보지 않았다. 나는 진양화학 경리부 차장으로 자리를 옮겼다. 업무야 별다른 어려움이 없었지만, 채 적응도 하기 전에 부산 본사로 발령이 나 버렸다. 서울에 생활 터전을 잡은 터라 부산까지 갈 수는 없었다. 아내와 상의한 끝에 부산행을 포기하게 되었다.

그렇게 시내 중심가에 공인회계사 사무실을 차렸다. 1972년 10월이었다.

직장생활과 달리 열심히 한 만큼 수입이 늘어났다. 혼자 책임지고 하는 일이라 바빴지만 일이 재미있었다. 그러던 어느 날 재무부 윤리위원회로부터 자격 정지 처분을 받게 되었다. 의뢰인의 사정을 고려해서 저렴하게 일을 해준 것이 문제가 되었다. 덤핑 수주로 걸린 것이다.

내가 일 처리를 꼼꼼하고 정확하게 하면서 일거리가 자꾸 몰리자 동료 공인회계사 중 누군가 투서한 게 분명했다. 이해가 되지 않았으나 이 일로 인해 2년 동안 공인회계사 일을 할 수 없게 되었다.

누가 투서했을까 알아보지도 않았고, 자격 정지 처분이 부당하다며 재무부에 항의하지도 않았다. 그럴 시간 있으면 다른 일을 하면 된다고 생각했다.

소식을 들었는지 때마침 삼성특수제지에서 함께 일해보자는 제안이 들어왔다. 제지업은 잘 아는 분야였고 처음으로 열정을 쏟은 일터였기에 두말없이 제안을 받아들였다.

그때 삼성특수제지는 자본금 1억 원밖에 안 되는 중소기업이라 20%의 자본금을 내고 전무로 들어갔다. 3년 후에는 부사장으로 승진했다.

회계와 자금 업무를 담당한 나는 주로 세무 공무원들과 은행 직원들을 많이 만났다. 이들과의 돈독한 유대 관계가 훗날 독립해서 회사를 경영하는 데 커다란 도움이 되었다.

고독한 싸움은
하루 24시간 계속되었다

1977년 2월 어느 날, 거래 은행인 서울신탁은행 한 관계자가 예상치 못한 제안을 했다.

"이 부사장님, 이참에 기업가로 한번 변신해 보지 않으시겠습니까?"

은행에서 내게 인수할 것을 권유한 회사는 충남 온양에 있는 동방펄프였다. 연간 매출액이 15억 원 남짓 하는 작은 제지회사였다. 볏짚 등으로 펄프를 만들어내는 이 회사는 부도가 난 후 은행관리로 넘어가 있었다. 자금난에 몰린 동방펄프는 먼저 삼성특수제지에 인수를 제의했었다.

당시 사장은 긍정적으로 반응하며 나에게 구체적인 인수 작업에 들어갈 것을 지시했다. 그때는 부도가 난 회사를 인수해주면 은행에서 '시드 머니seed money'라는 신용 융자를 해주었다. 부실 기업을 살리기 위한 안전장치였다.

삼성특수제지에서 동방펄프 인수에 동의함에 따라 서울신탁 은행으로부터 시드 머니를 받았다. 그러고 나서 본계약을 체결하러 갔는데, 갑자기 사장이 "동방펄프의 장래가 그렇게 밝지 않다"라면서 인수하지 못하겠다고 했다.

난감한 상황이 된 것이다. 그렇다면 은행에서 받은 시드 머니를 도로 내놓아야 했다. 은행과 기업 사이에는 신용이 가장 중요한데, 약속을 어긴 게 돼 버린 셈이다.

"상도의상 지금 와서 인수를 못 하겠다니 이게 말이 안 되지 않습니까?"

"아 글쎄…… 제가 하기 싫어서가 아니라 사장님께서 안 된다고 하는데 어쩌겠어요?"

일이 여기까지 이르자 은행 관계자가 그러면 당신이 인수하라고 제안하게 된 것이다.

나는 고민을 거듭한 끝에 제안을 받아들이기로 했다. 인수 조건은 괜찮은 편이었다. 인수대금 10억 원을 5년 거치, 5년 분할

상환으로 해서 부담을 최대한 줄여준다는 내용이었다.

"그럼 제가 인수할 테니 은행에서 많이 도와주셔야 합니다."

"이 부사장님이 인수하신다면야 우리가 100% 도와드리겠습니다."

그렇게 해서 하루아침에 동방펄프 사장이 되었다.

그동안 직장생활을 하면서 모아둔 돈과 공인회계사로 일하며 모아둔 돈만으로는 부족했다. 살던 집을 담보로 겨우 4,500만 원을 마련해 그 돈으로 회사를 인수했다. 집까지 담보해 부도난 회사를 인수하는 데 동의해준 아내에게 한없이 미안하고 고마웠다. 그렇지만 기회를 놓치고 싶지 않았다. 어떤 계기가 있을 때 잘 판단해서 능동적으로 찾아가는 자세가 필요하다. 움츠리기만 하면 기회는 주어지지 않는다.

사실 제지업에 청춘을 바칠 생각은 없었다. 그러나 한국제지에서 첫 직장생활을 하게 되었고, 두 번째 직장에 오래 다닐 수 없는 상황이 되었으며, 공인회계사 일도 계속할 수가 없게 되었다. 그러면서 다시 제지업과 인연이 되었다.

인생을 살다 보면 내 의지와 관계없이 어느 한 방향으로 몰릴 때가 있다. 이때가 바로 뗏목에 올라타야 할 순간이다.

1977년 4월 26일, 다 쓰러져가는 동방펄프를 인수했을 때 내 나이 만 35살이었다. 인수한 회사 이름은 온양펄프로 바꿨다. 이미지를 새롭게 하기 위해서였다.

회삿돈이 밖으로 새 나가는 길목을 철저하게 막았다. 비용 절감으로 손실을 최소화해야 했다. 원료 구매 등 당장 써야 할 돈이 아니면 지출을 최대한 억제하면서 인원과 조직도 대폭 줄였다.

볏짚으로 만들던 펄프 대신 시멘트 포대 등에 쓰이는 크라프트지를 비롯해 시대 흐름에 맞는 각종 산업용지를 만들어 팔기 시작했다.

전 임직원의 필사적인 노력으로 오랫동안 적자에 허덕이던 온양펄프는 서서히 회생했다. 회사를 인수한 지 일 년 만에 흑자로 돌아섰다. 이후 매년 100%가 넘는 매출 증가율을 기록했다. 반신반의하던 주변의 눈길이 놀라움으로 바뀌었다.

부실기업에서 알짜기업으로 탈바꿈한 온양펄프는 곧장 상장기업으로 선정되면서 중견기업으로서의 모양새를 갖추어 나갔다. 단돈 4,500만 원으로 인수한 온양펄프가 무서운 속도로 성장하자 사람들은 나를 보고 억세게 운 좋은 사람이라고 했다. 부러움 반 시기 반이었다.

하지만 나는 운이 좋았던 게 아니다. 내실 있으나 저평가된 기업을 좋은 조건에 인수해 별다른 노력 없이 흑자를 내기 시작했다면 운이 좋았다고 할 수 있을 것이다. 그러나 아무리 살펴봐도 살아날 기미가 보이지 않기에 그 누구도 인수하려 하지 않던 망해가는 회사를 은행의 권유에 못 이겨 집까지 담보로 잡히고 대출을 받은 끝에 겨우 인수한 게 무슨 운 좋은 일이겠는가?

회사가 부도났다는 건 그 회사의 한계가 고스란히 드러난 것이다. 이걸 살려내리라고 누가 자신할 수 있겠는가? 만약 회사가 회생하지 못했다면 나와 가족은 꼼짝없이 노숙인 신세가 되었을 것이다.

온양펄프의 회생은 회사 구성원 전체가 힘을 모아 사력을 다해 연구하고 땀 흘린 결과였다. 회사를 일으켜 세우기 위한 고독한 싸움은 하루 24시간 계속되었다. 과정에 대한 이해 없이 결과만 보면 남의 일은 참 쉬워 보이는 법이다. 그래도 다행인 건, 노력과 땀과 눈물은 배신하지 않는다는 사실이다.

하늘이 두 쪽 나도
지킬 건 지킨다

1982년은 유난히 시련이 많은 해였다. 온양펄프 경영에 총력을 기울이고 있을 때 삼성특수제지가 무리한 시설 투자 등으로 경영 상태가 나빠져 부도를 내고 말았다.

나는 한때 동고동락했던 인연으로 삼성특수제지에 거액의 빚 보증을 서주고 있었다. 그 빚을 고스란히 떠안게 된 것이다. 겨우 정상화된 온양펄프가 삼성특수제지의 빚 때문에 위기에 처하게 되었다.

결국 삼성특수제지에 비상조치가 내려졌다. 회사 정리 계획에 대한 인가가 떨어졌고 법정관리가 시작된 것이다. 법정관리인으로는 대법관 출신의 유재방 변호사가 선임되었다.

엎친 데 덮친 격으로 5월에는 온양공장에 큰불이 났다. 급히 연락을 받고 달려갔으나 이미 불길은 걷잡을 수 없게 번져 손을 쓸 수 없었다. 망연자실할 뿐이었다. 원자재가 모두 불에 타버렸다. 피해액은 10억 원을 넘었다. 당시에는 엄청난 금액이었다.

공장을 한 달 이상 가동하지 못했다. 거래처는 하나둘씩 떨어져 나갔다. 은행에서는 대출금을 회수하기 위해 여러 가지 압력을 가했다. 사람들은 이번에야말로 버티기 어려울 거라고 했다. 말 그대로 사면초가였다. 삼성특수제지 채권단과 거래 은행의 이중 압박은 견디기 쉽지 않았다.

그러나 나는 아무것도 가진 게 없는 상태에서 출발했기 때문에 더 물러설 곳이 없었다. 눈물겨운 회사 복구 작업이 시작되었다. 원자재를 외상으로 들여놓았고, 거래처를 찾아가 통사정해서 납품을 재개했으며, 은행에 가서 상황을 설명한 뒤 긴급자금을 얻어왔다. 그동안 쌓아온 신용 덕분에 가능한 일이었다.

일요일도 공휴일도 없었다. 포기하지 않는 한 불가능은 없었다. 반드시 회사를 살려내고야 말겠다는 열정과 위기를 극복할 수 있다는 확신은 직원들에게 빠르게 퍼져나갔다. 공동체 내부에 공감대가 이루어지면서 자신감이 생겼다.

눈코 뜰 새 없는 나날을 보내고 있던 어느 날 회사로 전화 한 통이 걸려왔다.

"아, 나 유재방이라고 합니다."

삼성특수제지의 법정관리인을 맡은 유재방 변호사였다. 대법관을 역임한 그는 서슬이 시퍼런 유신 정권 시절에도 원칙과 소신에 따라 할 말은 하던 강직한 법조인이었다. 변호사로 개업한 뒤에는 국선 변호와 무료 법률상담을 계속해 많은 사람에게 존경받는 인물이었다.

"오늘 저녁때 시간 괜찮으면 좀 만납시다."

편히 저녁을 먹거나 술을 마실 상황이 아니었지만, 연배가 한참 위인데다 삼성특수제지의 법정관리인이었기에 약속을 잡았다. 장소는 종로에 있는 한정식집이었다. 나는 약속 시간에 늦는 법이 없었으나 그날은 좀 더 일찍 도착했다. 잠시 후에 유재방 변호사가 들어왔다.

"처음 뵙겠습니다. 이순국입니다."

"반갑습니다. 오늘 편하게 술 한잔 마십시다."

인사를 마치자 술상이 들어왔다. 한정식 상 위에는 양주가 놓여 있었다. 유재방 변호사가 따라주는 대로 받아 마신 후 곧바로 그에게 술잔을 권했다. 그렇게 주거니 받거니 하다 보니 꽤 많이 마셨다. 나는 술이 센 편이 아니었다. 그렇다고 술 마시고 주사를 부리거나 정신을 잃은 적은 한 번도 없었다. 무슨 일이 있어도 끝까지 이성을 지키는 것이 내 나름의 술 철학이었다.

이런저런 이야기를 나누다 보니 분위기가 화기애애해졌다. 그 사이 양주 두 병이 바닥을 드러냈다. 그런데도 유재방 변호사는 일어날 기미가 보이지 않았다.

나는 틈틈이 밖으로 나와 맑은 공기도 쐬고 찬물도 마시면서 취기를 가라앉히려 애썼다. 어느덧 시간은 자정에 가까워지고 있었다. 1982년 1월 5일 오랫동안 시행되던 야간통행금지 제도가 폐지됨에 따라 귀가할 걱정은 없었지만, 너무 늦었기에 그만 일어서야 했다.

마침내 유재방 변호사가 자리에서 일어섰다. 나는 늦은 시간인데다 너무 많이 마셨기 때문에 집까지 바래다주려고 그를 내 차에 태운 뒤 연희동으로 향했다. 기사가 연희동 집에 차를 세우자, 나는 내려서 집 안으로 잘 들어가도록 그를 배웅했다. 이때 그가 내 손을 잡았다.

"오늘 정말 기분 좋은데…… 이 사장, 우리 집에 들어가서 술 한잔 더 합시다."

배웅하려다 붙잡힌 꼴이 되었다. 어쩔 수 없이 집까지 끌려 들어갔다.

"여보, 귀한 손님이 오셨어. 술 좀 내오세요."

자정 넘어 잔뜩 술에 취해 다른 사람 집에 가서 부인에게 술상을 차리도록 한 뒤 더 마시는 건 정말 민폐가 아닐 수 없었다. 하지만 엎질러진 물이었다. 유재방 변호사의 부인은 싫은 내색 하나 없이 정성껏 술상을 차려주었다. 우리는 또 양주 한 병을 거뜬히 비워냈다.

"허 참, 나도 평생 술을 많이 마셨지만 자네 같이 술 센 사람은 처음 봤네."

기분이 좋아진 그는 아들뻘인 내게 이렇게 말했다. 술상을 물리고 연희동 집을 나온 건 깊고 깊은 새벽녘이었다.

나는 곧장 집으로 와서 곯아떨어졌다. 그리고 평소 습관대로 이른 아침에 일어났다. 머리도 아프고 속도 거북했으나 개운하게 씻은 다음 아침을 먹고 출근해 업무를 챙기고 있었다.

오전 8시쯤 전화가 왔다. 유재방 변호사였다.

"이렇게 일찍 출근했나?"

"당연하죠. 늘 같은 시간에 회사에 옵니다."

"아니, 오늘은 새벽까지 술을 엄청나게 마시지 않았나? 굉장히 피곤할 텐데……."

"괜찮습니다. 술은 술이고 일은 일이죠."

"자네 말이야. 조금 이따가 수원지방법원 법원장실에서 나랑 좀 만나세."

삼성특수제지의 법정관리를 수원지방법원에서 하고 있었다. 얼마 뒤에 법원장실로 들어갔더니 법원장과 유재방 변호사가 앉아 있었다. 법원장은 유재방 변호사의 한참 후배였다.

"이것 봐, 왜 나 같은 노인에게 삼성특수제지 법정관리인을 맡기나? 내가 기업을 아나 경영을 아나? 나는 법밖에 모르는 사람이야. 법정관리인은 여기 이순국 사장을 시키도록 해."

유재방 변호사는 법원장에게 나를 삼성특수제지 법정관리인으로 세우라고 이야기했다.

"어떤가? 자네가 삼성특수제지에서 일한 경험도 있고, 제지업에 대해 잘 아는 데다가, 온양펄프를 인수해 경영 능력도 인정받았으니, 삼성특수제지를 맡아 회생시켜 보지 않겠나?"

얼떨결에 받은 제안이라 당황스러웠다. 아직 온양펄프도 제자리를 잡지 못한 데다 예기치 못한 화재로 인해 위기에 빠진 회사를 겨우 추스르는 중이었는데, 삼성특수제지까지 맡아 두 회사를 온전히 경영할 수 있을까 걱정스러웠다. 생각할 시간을 좀 달라고 말했다.

그랬더니 유재방 변호사가 비로소 속마음을 들려주었다.

"내가 기업이나 경영을 잘 모르니까 회사를 정상화할 방법이 없었네. 은행에 물어보니 자네를 추천하더라고. 자네가 법정관리인이 되면 융자도 해주고 협력해서 회사를 살리도록 해보겠다는 거야. 나를 보고는 대출을 해줄 수가 없다는 거지. 자네에 대한 평판이 좋더군. 하지만 내가 겪어봐야 하니까 술을 마시자고 한 걸세. 술을 그렇게 마시고도 전혀 흐트러지지 않고 깍듯하게 예의를 차리는 모습에 감동했네. 게다가 변함없이 일찍 출근해 일하는 걸 보고 깜짝 놀랐지. 자네가 법정관리인을 맡으면 삼성특수제지가 살아날 수 있으리라 믿네."

유재방 변호사는 술자리를 빌려 내가 어떤 사람인지를 시험해 본 것이었다. 이 일로 나는 삼성특수제지의 법정관리인이 되었다. 그러자 은행에서는 곧바로 신용 대출을 해주었다.

그렇게 온양펄프 때처럼 삼성특수제지 회생을 위해 또 한 번 사력을 다하게 되었다. 이 일이 가능했던 건 내가 원칙을 지켰기 때문이다.

술 좀 마시면 흐트러지는 사람이 있다. 회사가 좀 잘되면 엉뚱한 생각을 하는 사람이 있다. 좋지 않은 태도다. 어떤 상황이 닥쳐도 내 할 일은 하고 원칙을 깨뜨리지 않아야 한다. 지킬 건 지키는 사람이 열매를 거두게 되어 있다.

사업은
돈만 벌려고 하는 게 아니다

온양펄프를 시작한 지 약 5년 3개월 만인 1982년 7월 22일 나는 삼성특수제지의 법정관리인으로서 본격적인 기업 인수와 회생 작업에 들어갔다. 동방펄프를 온양펄프로 바꾼 것처럼 삼성특수제지 역시 '새 신新' 자와 '호수 호湖' 자를 써서 신호제지라 바꾸었다. 잔잔한 호수에 새롭게 배를 띄운다는 의미였다.

신호그룹의 창립일은 동방펄프를 인수한 1977년 4월 26일이고, 그룹의 이름은 삼성특수제지의 새 이름인 신호제지에서 따온 것이다. 이 두 회사를 기반으로 혁신과 성장을 거듭한 신호는 제지업계에 소리 없는 파문을 일으켰다.

먼저 신호제지에서 생산되는 종이의 종류를 인쇄용지 전 부문으로 다양화시키면서 내실을 다지는 데 힘을 쏟았다. 조직을 효율적으로 재편해 고정비 지출을 줄여나갔다. 불량률을 낮추기 위해 생산성 향상에 온 힘을 기울였다.

새로운 거래처를 개척하면서 제지업계의 인재들을 영입했다. 좋은 관계에 있던 금융권 인맥을 통해 안정적인 자금 관리에도 신경을 썼다. 이렇게 일 년여를 지내자 회사 경영 상태가 상당히 호전되었다. 1983년 12월 20일에는 신호제지 제품이 미국 시장에 수출되며 인쇄품평회에서 금상까지 받기에 이르렀다.

온양펄프를 제 궤도에 올려놓고, 신호제지를 새롭게 탈바꿈시키느라 여념이 없던 1982년 11월 12일, 인쇄용지 회사인 동신제지를 전격 인수했다. 이 역시 경영 상태가 좋지 않아 빚더미에 올라선 회사였다.

세 번째 회사 인수 소식에 사람들은 혀를 내둘렀다. 신호제지의 법정관리를 맡은 지 4개월도 안 된 시점이었기 때문이다. 다들 무리수를 두고 있다고 여겼다.

그러나 내가 보기에 동신제지는 기본기를 다지고 성실하게 운영하면서 조직에 새로운 활력과 자신감만 불어넣으면 얼마든지 알짜 회사로 회생할 가능성이 있는 기업이었다.

한창 사업 때문에 바쁠 즈음 이런 일도 있었다. 휴일도 없이 밤낮으로 일에만 매달리다 보니 아내에게 조금 미안한 마음이 들었다.

마침 거래처 공장에 약속이 생겨 지방에 내려갈 일이 있었다. 바람도 쐴 겸 아내에게 같이 가자고 제안했다. 오가는 길에 좋은 풍경이 나오면 구경도 하고 맛있는 것도 먹으면서 시간을 보내다 오면 좋아할 것 같았다. 아내도 흔쾌히 따라나섰다. 일도 하고 아내에게 점수도 딸 수 있는 절호의 기회였다. 오랜만에 갖는 오붓한 시간이었다.

목적지 인근에 도착했을 때 근처에 있는 작은 다방에 들어갔다.

"금방 일 마치고 올 테니까 커피 마시면서 기다리고 있어."

그때가 오전 10시경이었다. 내 생각에 그리 오래 걸릴 것 같지 않았기에 다방에서 잠깐 기다리라고 한 것이다. 그러고는 공장으로 가서 담당자들과 회의를 시작했다. 그런데 대화하다 보니 예상외로 논의할 사항이 많아졌고, 좀 더 깊이 있게 토론해야 할 일이 생겼다.

"우리 점심 식사하고 나서 다시 이야기할까요?"

"그렇게 하시죠."

거래처 공장 구내식당에서 같이 밥을 먹고 나서 회의를 이어갔다. 발주한 기계가 내 마음에 들게 만들어지지 않아 세밀하게 확인하고 분석하다 보니 자꾸만 시간이 길어졌다.

일에 몰두하느라 아내와 같이 왔다는 사실, 아내 혼자 다방에서 나를 기다린다는 사실을 정말 새까맣게 잊고 있었다. 휴대전화도 없던 시절이니 서로 연락할 방법도 없었다. 어느덧 시간은 오후 6시를 향해 가고 있었다. 그렇게 회의를 마무리한 후 피곤한 몸을 차에 실었다.

"벌써 시간이 이렇게 됐네. 집으로 갑시다."

"사장님…… 먼저 사모님 계신 곳으로 가야 하지 않나요?"

그제야 나는 아내와 함께 왔다는 사실과 아내가 지금까지 8시간째 다방에서 기다리고 있다는 사실을 깨달았다. 아뿔싸, 큰일이었다. 식은땀이 났다. 아내를 즐겁게 해주려고 같이 내려왔는데, 오히려 아내를 힘들게 하고 화만 키워준 꼴이 되고 말았다.

부랴부랴 다방으로 달려갔더니 아내는 그때까지 거기 앉아 있었다. 나를 보더니 아무 말 없이 밖으로 나가버렸다. 언제 올지 모르니 점심도 먹지 못한 채 내가 돌아오기만 눈이 빠지게 기다린 것이다.

수도 없이 사과했지만, 기분이 풀릴 리 없었다. 좋은 풍경도 맛있는 음식도 헛꿈이 되어 버렸다. 돌아오는 차 안에서 아내는 계속 말이 없었다. 그 시간이 얼마나 길었는지 모른다.

당시 지방 출장을 갈 때는 꼭 필요한 직원일 경우에만 같이 갔고, 그렇지 않으면 대부분 혼자 다녔다. 야간통행금지가 있을 때는 해제 시간인 새벽 4시 정각 집에서 출발했다.

기사는 우리 집에서 잤다. 자기 집에 가면 그 시간까지 올 수 없기 때문이다. 올라올 때는 야간통행금지 시간이 되기 전에 올 수 있는 데까지 오다가 가까운 곳의 여관을 잡아 기사와 함께 잤다. 방 두 개를 얻어 각자 잔 게 아니라 방 하나만 얻어서 잔 것이다. 비용을 줄이기 위해서였다. 그리고 새벽 4시가 되면 일어나 서울로 올라왔다. 그게 일상이었다.

내 일을 할 때
사명감이 있다면 금상첨화

전국을 돌아다니며 회사 일에 전념하던 때였다. 이런 시간이 켜켜이 쌓인 끝에 마침내 신호제지가 적자에서 벗어나 흑자회사로 전환했다. 피눈물 나는 노력의 대가였다.

1992년 7월 24일 신호제지는 수원지방법원으로부터 10년 만에 법정관리 종결 판결을 받았다. 증시관리 종목에서 벗어나 시장 1부 상장기업으로 부활한 것이다.

신호제지가 흑자를 내고 법정관리에서 벗어났다는 소문이 퍼지자 재계 사람들은 나를 '제지업계의 미다스 손'이라고 부르기 시작했다. 하지만 나는 그 말에 동의하지 않았다. 만약 미다스의 손이 있다면 그것은 신호제지 임직원들의 뜨거운 손일 거라고 믿었다.

당시 언론사 인터뷰에서 이런 말을 한 적이 있다.

"경영에 특별한 비결은 없습니다. 오로지 열성과 집념이 그렇게 만들었을 뿐입니다. 내 경우에 감춰진 무슨 비법이 있어서가 아니라 소생 가능한 부실기업만을 인수했고, 또 인수계약을 맺을 때 부실 원인이 됐던 요소들을 철저히 없애 갔기에 빨리 일어설 수 있었습니다."

나는 기업도 하나의 생명체라고 믿는다. 사람을 존중하고 사랑하듯이 기업도 소중히 여기고 아껴야 한다. 부도가 나서 모두 포기하고 손을 든 회사를 회생시키는 건 의사가 사망 선고가 내려진 중환자를 수술해 다시 살려내는 일과 같다.

기업에 투여된 엄청난 설비와 자본 그리고 소속된 많은 직원과 가족들을 그냥 죽어가도록 내버려 두는 것은 국가적 손실이고 지역경제에 해악을 끼치는 일이며 범죄를 저지르는 것처럼 비윤리적인 일이다.

따라서 부실기업을 인수해 회생시키는 일은 능력 있는 기업인이라면 반드시 해야 할 의무이며, 기업가라면 당연히 가져야 할 국가와 사회에 대한 도덕적 책임이라고 생각한다.

많은 사람이 사업을 한다. 그 목적이 무엇일까? 대부분 자신의 부를 축적하고 명예를 얻으려는 것이다. 그 수단으로 기업을 운영한다.

그러나 기업은 그런 게 아니다. 아이를 낳을 때 내가 행복해지기 위해 아이를 낳는 게 아니다. 아이를 낳으면 아이는 자신의 인생을 살아가게 되어 있다. 부모는 그 아이가 잘살아가도록 격려하고 북돋워 줄 뿐이다. 내가 기업을 시작해서 잘되면 그 기업의 돈을 빼내 나와 내 가족이 잘 먹고 잘살겠다는 건 지극히 잘못된 생각이다.

혹여 그렇게 해서 기업이 망한다면 씻지 못할 죄를 짓는 것이다. 부모가 아이를 죽여서 혹은 죽도록 내버려 둬서 받게 된 보상금을 가지고 살아가는 것과 매한가지다.

나는 돈만 벌려고 사업을 시작하지는 않았다. 처음부터 누구나 가망이 없다고 포기한 회사를 살리려고 기업을 일으켰다. 기업은 부를 획득하기 위한 수단이 아니다. 대다수 사람은 기업이란 수단과 방법을 가리지 않고 영리를 추구하는 조직이라고 생각한다. 하지만 그렇지 않다.

정당한 수단과 방법을 통해 영리를 추구해야 하며 그렇게 해서 획득한 영리는 직원과 가족과 사회와 국가 모두를 위한 것이어야 한다. 기업가 한 사람을 위한 것이 아니라는 이야기다.

너무 뻔한 이야기 같은가? 그러나 사업의 본질은 변하지 않는다. 사회에 공헌하고 인류에 이바지하는 것이 기업을 만들고 경영하는 참된 목적이다.

기업은 물려줘서도
물려받아서도 안 된다

당시 나는 사무실에 앉아 있기보다 현장을 나가서 직접 살펴보고 직원들과 격의 없이 대화하는 걸 좋아했다. 그 과정을 통해 동신제지가 부품 소재 개발에 뛰어들게 되었다.

1986년에는 상공부로부터 부품 소재 국산화 개발 업체로 지정받았으며, 1987년에는 자본금 6억 원의 회사를 증시에 공개하기도 했다. 이후 연평균 40%가 넘는 급성장세를 이어갔다. 1990년대 중반에 이르러 동신제지는 자본금 331억 원에 직원 540명이 근무하며 연 매출 1,500억 원가량을 올리는 신호그룹의 기둥 회사가 되었다. 동신제지 단독 출자로 종이 원료를 국내로 들여오고 완제품을 제3국으로 수출할 수 있는 해외법인인 신호캐나

다를 설립하기도 했다.

1985년에는 대화제지공업과 신강제지, 1987년에는 일성제지, 1995년에는 모나리자를 잇달아 인수하면서 신호그룹은 종합제지그룹으로서의 면모를 갖추게 되었다.

이쯤 되자 재계에서는 나를 은연중에 기업 사냥꾼으로 보기도 했다. 그러나 나는 우량기업을 인수한 적이 한 번도 없었다. 전부 부도가 나거나 파산 직전에 몰린 부실기업만 인수했다. 그것도 내가 찾아 나서서 인수한 것이 아니라 은행과 기업 측에서 인수해달라고 부탁해서 하는 수 없이 수락한 것이 대부분이었다.

해외에 공장을 세우고 법인을 설립한 것은 인수한 회사들이 잘되도록 효율적인 인프라를 구축하기 위해서였다. 신호그룹은 그렇게 완성되어 갔다.

부실기업을 우량기업으로 만드는 일은 대단히 어려운 일이지만, 달리 생각하면 누구라도 할 수 있는 일이다. 당시 은행에서는 부실기업을 인수할 때 일정 기간 모라토리엄을 인정해 줬다. 기업이 정상화될 때까지 채무 이행을 일정 기간 유예해주는 것이다. 이 기간 안에 기업을 살릴 만한 여러 방법을 최대한 동원하게 된다.

중요한 것은 그 일을 맡길 수 있을 만큼의 실력과 믿음이 있느냐 하는 것이다.

'아, 저 사람이면 할 수 있겠다.'

이런 신뢰 관계가 있어야 한다. 나는 그걸 가지고 있었다. 누가 준 게 아니다. 내가 만든 것이다. 나를 믿어 주니까 계획을 세워 실천할 수 있고 지원을 받을 수 있었다.

이것이 어찌 운뿐이겠는가?

계열사가 하나둘씩 늘어나면서 신호라는 이름 뒤에 그룹이라는 명칭이 자연스럽게 붙게 될 무렵, 나는 '홍익 사회'를 강조하기 시작했다. 한반도 최고 국가인 고조선의 건국 이념으로 알려진 '홍익인간弘益人間'은 "널리 인간을 이롭게 한다"라는 뜻이다. 수천 년을 이어온 이 이념은 대한민국의 비공식적인 국가표어이기도 하고, 교육기본법 제2조에 명시된 대한민국의 교육이념이기도 하다.

기업가로서 "기업이 커지면 세상에 널리 이로운 기업이 되어야 한다"라는 의미로 홍익 사회를 이야기한 것이다. 나는 신호그룹을 '내 회사'라고 생각해 본 적이 없었다. 주인은 언제든지 바뀔 수 있지만, 기업은 영원해야 한다고 믿었다.

그래서, 1987년 9월 1일 내가 보유하고 있던 주식의 63%를 현물 출자로 내놓고 홍익복지기금을 설립했다. 직원들의 복지 향상을 위해서였다. 동신제지 5만 주, 온양펄프 8만 주, 신호제지 2만 주, 신강제지 2만 주 등 당시 시가로 20억 원 규모였다. 기금은 매년 늘어나 1990년대 중반 100억 원대에 육박했다. 이는 유한양행이나 기아자동차가 사원회사를 지향하면서 운용하던 복지기금과 비슷한 규모였다.

나는 임직원들 앞에서 때가 되면 내 주식 전액을 직원들에게 환원하고, 전문 경영인으로 남겠다고 말하곤 했다. 빈말이 아니었다.

내가 타야 할 뗏목,
자식이 타야 할 뗏목은 따로 있다

1994년 4월 26일 신호그룹 창립기념일. 나는 '신호그룹 사원 집단지주제'를 시행할 것을 공식 선언했다. 기업의 영속적인 발전을 위해 재산의 사회 환원이나 사원 분배 형식이 아닌 사원 공유 방식의 새로운 경영 모델을 제시한 것이다. 모든 의사결정을 사원들이 직접 참여해서 이끌어가는 경영관리 형식이었다.

당시 신호그룹은 계열사 20여 개, 사원 3,500여 명, 연간 매출액 6천억 원 규모였다. 이는 기업의 주인은 창업주나 CEO가 아니고 사원과 사회라는 내 신념을 실천한 것이었다. 국내는 물론 외국에서도 사례를 찾기 힘든 제도였다. 이런 내용을 담아 계열사 사원들이 참여해 연구한 끝에 만든 것이 '신호 비전 2000'이었다.

일부 사람들은 개인과 법인을 제대로 구분하지 못한다. 의외로 기업가 중에도 그런 사람이 많다. 여기서부터 문제가 발생한다. 개인個人은 국가나 사회나 단체 등을 구성하는 낱낱의 사람, 즉 자연인을 가리킨다. 반면 법인法人은 법률상 권리 또는 의무의 주체가 되는 대상, 즉 법으로 만들어진 인격체를 가리킨다.

회사는 법인이고 나는 개인이다. 이걸 혼동하면 창업주나 CEO는 회사를 자신의 개인 소유물로 여긴다. 법인을 설립해 놓고 왜 법인을 설립했는지 모르는 것이다. 자식을 낳고도 자식이 왜 태어났는지를 모르는 것과 마찬가지다.

나는 회사가 일정 수준 이상으로 커지면 회사를 사원들에게 전부 돌려주고 싶었다. 주식을 사원 개인에게 나눠주면 그 사람 몫이 되고 만다. 그래서 주식을 사원 공동명의로 주려고 한 것이다.

전례가 없던 방식이라 연구가 필요했다. 정부의 승인까지 받았다. 개인으로서의 주인은 없고, 법인으로서 회사 구성원 전체가 주인인 회사가 되는 형식이었다.

거기서 배당이 나오면 사원 전체를 위해서 사용하는 것이다.

집행위원들을 선정해 구체적인 설계까지 다 끝낸 상태였다. IMF 외환위기가 그렇게 빨리 들이닥칠 줄 몰랐다. 그런 일만 없었다면 '신호그룹 사원 집단지주제'는 대한민국의 새로운 경영 모델로 자리 잡았을지도 모른다.

얼마 전 〈재벌 집 막내아들〉이라는 텔레비전 드라마가 인기를 끌었다. 워낙 소문이 자자해 몇 번 본 적이 있다. 순양그룹 총수 일가의 비서로 일하던 윤현우가 재벌가의 막내아들 진도준으로 회귀하여 인생 2회차를 살면서 벌어지는 일을 다룬 판타지 드라마다. 여기서 자수성가한 순양그룹 회장 진양철은 모든 것을 자기 마음대로 하는 독재자다.

그에 따르면 기업의 주인은 오직 자신뿐이고 직원들은 모두 시키는 대로 하는 머슴이다. 그는 회장 자리를 물려주기 위해 큰아들, 작은아들, 딸을 시험한다. 그 자리를 차지하기 위해 자식들은 물론 며느리와 사위 심지어 손자 손녀들까지 가족을 상대로 피비린내 나는 이전투구를 벌인다.

나는 드라마를 보면서 굉장히 불쾌했고, 한편으로는 안타까웠다. 드라마의 전제가 잘못되었다. 재벌 총수는 뭐든 다할 수 있다는 것, 기업에서 회장은 주인이고 직원은 머슴이라는 것, 다음 회장 자리는 자식 중에 마음에 드는 사람에게 현 회장이 멋대로 물려줘도 된다는 것 등이다.

기업가는 정해진 범위 내에서 경영에 주력할 뿐이지 자기 마음대로 뭐든 다할 수 있는 사람이 아니다. 회삿돈은 개인의 소유가 아니라 법인의 소유이므로 회장이든 사장이든 절대 함부로 쓸 수가 없다. 그리고 기업은 구성원 전체가 주인이다. 아울러 기업은 대를 이어 물려주고 물려받는 물건이 아니다. 그래서는 안 된다. 기업은 법인이기 때문이다.

기업을 기어코 자식에게 물려주려고 하다 보니 자꾸만 불법과 탈법을 저지르게 된다.

왜 자식을 자기가 만든 울타리와 틀 안에 가두어두려고 하는가? 부모에게는 부모의 정체성이 있고 자식에게는 자식의 정체성이 있는 법이다. 자식은 부모의 복사판으로 태어난 게 아니다. 왜 식품회사 사장은 자기 아들을 식품회사 사장으로 만들려 하고, 초밥집 사장은 자기 딸을 초밥집 사장으로 만들려 하는가?

그건 자식을 무능하고 비참하게 만드는 일이다. 자식이 더 잘

할 수 있는 일, 더 좋아하는 일을 해서 사회와 인류에 이바지하도록 하는 게 옳다.

평생 기업을 잘 일구어놓고 마지막 승계 문제로 인생을 망치는 사람이 많다. 자식에게 물려주고 싶은 유혹과 욕망을 버려야 한다. 자식 역시 기업을 물려받아 어울리지 않는 자리에 앉아 편히 살려 해서는 안 된다.

그것은 부모의 것이지 내 것이 아니다. 내가 타야 할 뗏목은 따로 있다. 나는 내 자식에게 회사를 물려주려고 생각한 적이 한 번도 없다. 덕분에 자식과 손주들은 자기가 타야 할 뗏목을 알아서 잘 타고 가는 중이다.

기업은 누가 경영하느냐보다 어떻게 영속할 것인가가 중요하다. 내가 죽고 나면 누가 경영을 하든 무슨 상관이겠는가?

인생을 살다 보면 내 의지와 관계없이
어느 한 방향으로 몰릴 때가 있다.
이때가 바로 뗏목에 올라타야 할 순간이다.

이신저로
바쁘게 살았던 날들

국내외를 오가는 나의 경영 행보는 갈수록 빨라졌다. 1988년 캐나다에 펄프 공장을 세운 이래 1990년에는 태국에 1억 2천만 달러를 투자해 신문용지 공장을 세웠으며, 파라과이에도 제지공장 설립을 추진했다. 인도네시아, 인도, 사우디아라비아, 중국 등지에도 다양한 생산 거점을 구축했다.

아울러 제지업 외에 철강, 전자, 화학, 금융, 정보통신 등 비제지 부문으로 사업을 다각화했다.

1994년에는 한국강관, 1996년에는 동양철관과 영흥철강, 1997년에는 환영철강을 잇달아 인수했다. 이런 일이 가능했던 건 은행들이 부실기업이 생길 때마다 나를 찾아왔기 때문이다.

은행 사람들은 나에게 부실기업을 맡기면 안심이 된다고 했다. 내가 원칙에 따라 경영하고 개인과 법인을 명확히 구분하는 사람이라는 것을 안 것이다.

신호그룹이 최정상에 있을 당시가 1997년 무렵이다. 전체 매출이 1조 원을 조금 넘었고, 계열사는 35개에 달했으며, 재계 순위는 25위 정도였다. 지금이야 1조 원이 그리 크지 않아 보일 수 있으나 그때 1조 원이면 대단한 규모였다. 직원들과 머리를 맞대고 예측한 바에 따르면 2000년까지 별일 없이 회사가 성장할 경우, 매출 8조 원을 돌파하면서 20대 그룹에 진입하리라 여겨졌다.

그러나 1997년 여름 태국 바트화의 폭락으로 촉발된 아시아 금융위기는 대한민국의 IMF 외환위기로 이어졌고, 1998년부터는 기업의 줄도산과 대량해고 사태가 걷잡을 수 없이 확산하였다. 이로써 호수에 새롭게 띄운 배는 항해를 멈추고 말았다.

30대 초반부터 사람들은 나에게 '이신저'라는 별명을 붙여주었다. 1970년대 미국의 외교 정책에 엄청난 영향력을 행사한 헨리 키신저 박사를 빗댄 것이었다.

그는 체구는 작았으나 시야는 전 세계를 내다본 거인이었다. 감정에 치우친 섣부른 판단보다는 국익을 위해 냉철한 판단을 내린 것으로 유명하다. 닉슨 행정부 시기 그는 미국과 소련의 전략무기 제한협정을 체결시키고, 중국과의 관계를 개선함으로써 20년 넘게 이어진 냉전 체제를 해체했다.

"미국에는 영원한 적도, 영원한 친구도 없다. 오직 국익만이 존재할 뿐이다."

그가 남긴 말이다. 2023년 100세가 된 그는 아직도 두툼한 전문 서적을 출간하는가 하면 스위스 다보스에서 열린 세계경제포럼 연차총회 등에 강연자로 출연할 만큼 건재를 과시하고 있다. 세계 유수의 지도자들이 여전히 그를 찾아가 외교적 조언을 구하는 것은 그가 건강을 잘 관리하고 있기 때문이다. 왕성한 지적 활동을 유지하려면 몸의 건강은 필수다.

나는 키신저 박사만큼 왕성한 지적 활동을 하지는 못했지만, 사업가로서는 그 누구에 뒤지지 않을 정도로 열정적으로 활동했다. 영원한 적도, 영원한 친구도 없다는 그의 말처럼 사업을 위해서는 어디라도 달려갔고 누구라도 대면했다. 그러나 협심증으로 쓰러지기 전까지는 키신저 박사처럼 건강관리를 제대로 하지 못했다.

따지고 보면 사업하는 사람은 다 잠재적 건강 불량자이다. 새벽부터 밤중까지 일만 하면서 스트레스와 술 담배에 빠져 사는데 어떻게 건강할 수 있겠는가? 자기 건강을 온전히 챙기는 기업가는 없다.

자기 건강관리를 잘하면서 맡은 회사 경영도 잘하는 기업가가 있다면 십중팔구는 거짓말일 가능성이 크다.

일흔 살,
마침내 결심했다

한창 사업을 할 당시의 나는 지금과 정반대였다.

골프나 낚시 등 취미생활을 거의 하지 않았다. 사업 상대방을 접대하기 위해 골프장에 나가는 것도 될 수 있으면 삼가려 했다. 골프는 필드에서 보내는 시간이 너무 많고 들어가는 돈도 적지 않아 좋게 보이지 않았다.

술 접대도 마찬가지다. 원칙을 지키면서 정성을 다해 일하면 되는 것이지 뇌물을 바치고 접대를 해야만 일이 된다면 그런 일은 하지 않는 편이 낫다고 생각했다. 대신 등산을 하러 자주 갔다. 집 근처에 청계산이 있으니까 산에 가고 싶은 사람은 우리 집으로 오라고 해서 함께 올랐다. 직원들이나 거래처 사람들하고 맑은 공기를 마시며 매봉이나 망경대에 올라 산 아래를 내려다보면 막혔던 가슴이 뻥 뚫리는 듯했다.

산에서 내려오면 다 같이 우리 집으로 갔다. 소박한 밥상으로 식사를 한 다음에는 노래 한 곡씩 부르며 심신을 달랬다. 손님들이 오면 즐거운 시간을 갖게끔 집 안에 노래방 기계를 들여놓았다. 노래는 건전하면서도 서로의 마음을 풀어주는 묘한 매력이 있었다.

집에서뿐 아니라 각 지방에 흩어진 공장을 방문해 직원들을 만나 회식할 때도 분위기가 화기애애해지면 노래를 즐겨 불렀다. 이른바 '신호그룹 공장 주제가'였다. 한국강관 공장이 있는 인천에 가면 '이별의 인천항', 상호신용금고와 온양펄프 공장이 있는 온양에 가면 '충청도 아줌마', 신호종합개발과 대화제지가 있는 대전에 가면 '대전 블루스' 등을 즐겨 불렀다.

체계적으로 꾸준히 운동하지는 못했지만, 시간이 되면 아침 일찍 집 주변을 4~5킬로미터쯤 달렸다. 일과를 마치고 특별한 약속이 없거나 몸이 좀 무거우면 가까운 호텔 헬스클럽을 찾아 러닝머신 위를 달리기도 했다. 그러나 이 정도를 가지고 건강을 지켜낼 수는 없었다.

2010년 협심증으로 쓰러져 사경을 헤매다 깨어난 뒤 새삼스럽게 깨달은 게 있었다.

'천하에 있는 그 무엇을 얻더라도 건강을 잃으면 다 소용없는 거구나.'

건강해야 사업도 하고, 공부도 하고, 여행도 하는 거였다. 건강해야 자신이 탄 뗏목의 노를 저을 수 있고, 잘못 탔을 때 재빨리 갈아탈 수도 있는 거였다.

건강하지 못한데 무엇을 할 수 있겠는가?

늦었지만 뼈저린 자각이었다. 주변 사람들이 체계적으로 운동할 것을 권유했다. 신비한 효험이 있는 약재를 찾아 먹어보라는 사람도 있었다. 아무리 생각해도 내 몸에 특별히 좋은 건 있을 수 없었다. 오래된 산삼과 최상품 녹용 같은 걸 먹어본들 그게 어떻게 사람 몸을 갑자기 건강하게 만들 수 있겠는가? 과학적으로 따져보면 모든 게 탄수화물이고 지방이고 단백질이며 여기에 호르몬 같은 게 약간 섞여 있을 뿐이다.

궁리 끝에 찾아낸 가장 좋은 방법은 내 몸에 맞는 운동을 열심히 하면서 규칙적으로 생활하는 것이었다.

마침내 운동할 것을 결심했다. 이때 내 나이 일흔 살이었다.

인생
후반전

때가 되면 나만의
꽃 한 송이를 피워낼 것

3장

세상에서 늦은 때란 포기할 때뿐

건강하다면 어떤 시련도 끄떡없다

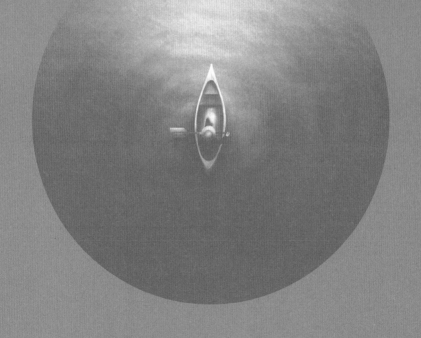

'어차피 죽을 건데'라는
무책임한 말

가끔 고향 친구들이나 대학 동창들을 만나면 사업 일선에서 물러난 뒤 건강전도사로 나선 내 이야기가 화제에 오르곤 한다. 운동을 열심히 하는 건 좋은데, 대학원에 가서 논문을 써가면서까지 건강을 연구하는 건 좀 지나치지 않느냐는 의견부터, 운동도 적당히 해야지 나처럼 너무 본격적으로 하면 스트레스를 받아 오래 하기 어렵다는 의견까지 다양했다.

그런데 문제는 그렇게 말하는 친구들은 누가 봐도 노인 티가 나는 데다 건강 또한 좋지 않았다.

"그러지 말고 운동을 해. 나는 이 나이에 매일같이 두세 시간씩 운동해도 피곤한 줄을 몰라. 하루 서너 시간 노트북 앞에 앉아 있어도 거뜬해. 건강해야 노년을 잘 보낼 수 있어."

내 운동 경험을 들려주며 건강의 중요성을 알려주면 이렇게 대꾸하는 친구들이 있다.

"야, 늙으면 어차피 죽을 건데 뭐 그리 악착같이 사냐? 그냥 술이나 마시자."

이런 친구에게는 더해 줄 말이 없다. 그러나 늙으면 어차피 죽을 거니까 악착같이 살지 말고 편하게 대충 살자는 말은 자신에 대한 모독이며 가족과 타인에 대해 지극히 무책임한 말이다.

생로병사는 모든 인간에게 똑같이 적용되는 법칙이다. 하지만 내게 주어진 인생의 시간을 가치 있고 의미 있는 시간으로 채워 나가기 위해 부단히 노력하고 땀 흘리는 건 자신을 사랑하고 존중하는 기본적인 태도다.

자신의 정체성에 맞는 삶을 살기 위해 힘껏 뗏목의 노를 젓고 몇 번씩 뗏목을 갈아타는 건 진지하게 인생을 책임지는 자세다.

평범하지만 강력한
처방전 '운동'

노화를 막을 수는 없지만 늦출 수는 있다.

운동으로 건강을 유지하면 얼마든지 질병을 예방할 수 있다는 말이다. 건강한 몸과 마음을 갖추는 것은 나는 물론 가족과 타인을 배려하는 일이다. 내가 몸져누웠거나 병원을 제집 드나들 듯 했을 때 배우자와 자녀들이 당하게 될 고통은 끔찍한 것이다.

현대인의 행복과 삶의 질에 영향을 미치는 요소 중 빼놓을 수 없는 게 바로 건강이다. 건강을 잃어 일상생활을 자력으로 수행할 수 없을 정도가 되면 정상적인 직업을 갖기 어려운 까닭에 경제적인 문제가 발생하고 무기력, 우울증, 자존감 손상 등 정신건강까지 해치게 된다.

일상생활 수행 능력은 옷 입기, 세수하기, 목욕하기, 식사하기, 침상에서 밖으로 이동하기, 화장실 사용하기, 대소변 조절하기 등 일곱 가지 동작을 가리킨다.

삶의 질이 높다는 것은 사회 구성원으로서 한 개인이 얼마나 잘 기능하고 있는가, 즉 그 사람의 수행 능력에 달려 있으므로 질병의 예방 및 관리뿐 아니라 적절한 일상생활 수행 능력을 유지할 수 있도록 하는 것이 중요하다.

최근 심각한 마음의 병 중 하나가 우울증이다. 10대는 입시 스트레스 때문에, 20대는 취업 압박 때문에, 30~40대는 결혼, 출산, 육아, 내 집 마련 때문에, 50~60대는 정년퇴직 후 맞이한 인생 후반전에 대한 불안 때문에, 70~80대는 건강과 경제 문제로 인한 두려움 때문에 세대를 막론하고 우울증에 시달리는 사람이 많다. 코로나 팬데믹 이후 이런 현상은 더 심화하였다.

얼마 전 우울증 증상을 개선하는 데 운동이 효과적이라는 연구 결과가 발표되었다. 호주의 사우스오스트레일리아대학교 연구팀은 운동이나 신체활동이 우울증과 불안장애 같은 심리적 고통을 완화해 준다고 밝혔다.

우울증이나 불안장애 등으로 정신건강의학과를 찾아가면 대부분 약물 치료와 상담 치료를 병행하게 된다. 땀 흘리며 운동할 경우, 이런 치료보다 효과가 1.5배나 더 높은 것으로 나타났다.

연구팀은 '우산형 임상 연구'를 통해 운동이나 신체활동이 우울증과 불안장애 등 정신질환자의 고통에 어떤 영향을 미치는지를 살펴봤다.

우산형 임상 연구란 특정 주제에 관한 문헌 연구를 평가하고 분석해서 의미 있는 결과를 발견해내는 연구를 가리킨다.

전체 12만 명이 넘는 사람들을 대상으로 진행된 임상시험과 문헌분석 결과 운동이 상담 치료나 약물 치료보다 심리적 고통을 개선하는 데 더 효과적이라는 사실이 드러났다. 발병 후 12주 이전에 운동하면 가장 효과적이라는 사실도 밝혀졌다.

운동 유형에 따른 증상별 효과에는 다소 차이가 있었다. 요가 같은 심신 운동은 불안한 마음을 가라앉히는 데 도움이 됐고, 저항성 운동은 우울증을 다스리는 데 효과가 있었다. 운동 강도를 높였을 때, 즉 고강도 저항성 운동을 했을 때 개선 효과는 더 컸다. 내가 논문을 통해 밝혀낸 것과 정확히 일치하는 결론이었다.

땀이 날 듯 말 듯 하는 가벼운 운동을 하면서 머릿속에는 온갖 잡념이 가득한 것보다는 아무 생각 없이 머리를 비운 채 속옷이 다 젖을 정도로 강도 높은 저항성 운동을 하는 것이 마음을 맑게 하는 데에 큰 도움이 된다.

영국의 〈스포츠의학저널BJSM〉에 실린 이 논문에서 흥미로운 건 다음 내용이었다.

"운동 기간은 별다른 영향을 미치지 않았다. 중요한 점은 운동이 정신건강에 긍정적인 변화를 가져오는 데 많은 시간이 걸리지 않는다는 점이다. 저항성 운동을 비롯해 걷기와 필라테스, 요가 등 유산소운동의 모든 신체활동이 정신건강에 유익하다는 것을 발견했다."

"왜 운동해야 하는가?"

이 질문 앞에 이보다 더 구체적인 답변이 필요할까? 운동은 신체의 건강뿐 아니라 마음의 건강에도 더없이 좋다는 게 입증된 것이다.

"어차피 죽을 건데 대충 살자."

해서는 안 될 말이다.

"한 번뿐인 내 인생 건강하게 살자."

이것이 맞는 말이다.

생로병사는 모든 인간에게 똑같이 적용되는 법칙이다.
하지만 내게 주어진 인생의 시간을 가치 있고
의미 있는 시간으로 채워 나가기 위해
부단히 노력하고 땀 흘리는 건
자신을 사랑하고 존중하는 기본적인 태도다.
자신의 정체성에 맞는 삶을 살기 위해
힘껏 뗏목의 노를 젓고 몇 번씩 뗏목을 갈아타는 건
진지하게 인생을 책임지는 자세다.

뭔가를 시작하기에
너무 늦은 나이는 없다

운동을 하기로 결심한 이후, 많은 것이 달라졌다.

내가 하는 운동은 으레 나이 든 사람이 하기에 적당하다고 여겨지는 산책이나 체조 또는 가벼운 기구 운동 수준이 아니었다. 땀 흘리며 하는 유산소운동과 헬스클럽에서 근육을 기르는 저항성 운동이었다. 공부해보니 나이 들수록 근육을 늘려야 했다.

흔히 몸에 무리가 가지 않을 만큼 운동하라고 권하지만, 그렇게 적당히 운동해서는 눈에 띄는 개선을 기대하기 어렵다. 모두가 늦었다고 생각할 때 나는 본격적으로 운동을 시작했다. 사람들은 도리어 건강을 해칠까 봐 걱정부터 했다. 하지만 이것이 바로 내가 나아가야 할 인생 후반전이었다.

인생에서 뭔가를 시작하기에 너무 늦은 나이란 없다. 오히려 늦었다고 생각할 때가 제일 빠를 때다. 내일이면 오늘보다 더 늦기 때문이다.

운동은 크게 유산소운동과 무산소운동, 즉 저항성 운동으로 나뉜다. 유산소운동은 몸 안에 최대한 많은 양의 산소를 공급함으로써 심장과 폐의 기능을 향상하는 전신운동이다. 걷기, 달리기, 자전거 타기 등이다.

저항성 운동은 근력 및 근지구력을 발달시키기 위해 신체 또는 밴드나 헬스클럽에서 볼 수 있는 기구의 저항과 무게를 활용하여 근육의 이완과 수축을 반복하는 운동이다. 몸의 근육이 평소에 느끼는 수준보다 높은 저항과 무게가 필요하다.

운동하면서 내 몸이 달라지는 걸 느낄 수 있었다. 신체 나이가 이전과 비교할 수 없을 만큼 젊어졌다. 먼저 키가 커졌다. 사람은 나이가 들면서 키가 조금씩 줄어든다고 하는데, 나는 반대로 조금씩 자란 것이다. 골밀도도 높아졌다. 저항성 운동으로 근육이 수축했을 때 계속해서 뼈에 부하를 가하는 방식으로 근육을 단련시킨 결과 골밀도가 높아진 것이다.

근육량도 늘어났고 근력도 향상했다. 체수분 역시 많아졌으며 단백질량과 무기질량이 늘어났다. 유산소운동을 꾸준히 한 덕에 심박수는 감소했으나 최대 산소 섭취량은 증가했다.

서울과학기술대학교 대학원 스포츠과학과에서 쓴 석사학위 논문 주제는 〈고강도 저항성 운동이 남성 고령자의 신체 구성 및 활동 체력에 미치는 영향〉이었다.

논문을 쓰기 전에 세웠던 가설은 남성 고령자가 저항성 운동을 했을 때 저강도 운동보다는 고강도 운동이 신체 구성과 활동 체력에 더 좋은 영향을 미칠 거라는 것이었다.

필리핀에 가서 필리핀 사람들을 대상으로 12주 동안 실험을 했다. 한국에서는 통제 가능한 실험 집단을 12주 동안이나 모으기가 매우 어려웠기 때문이다.

필리핀 사람들은 운동하게 해주는 것만으로도 고마워하면서 적극적으로 실험에 협조해 주었다. 실험 결과 고강도 저항성 운동과 저강도 저항성 운동에 따른 결과에 유의미한 차이는 없었다. 꼭 고강도 저항성 운동이 아니라도 자기 형편과 상황에 따라 중저강도 저항성 운동을 쉬지 않고 꾸준히 하는 게 좋다는 것이다.

상명대학교 대학원 체육학과 박사학위 논문은 〈8주간 저항성 운동의 강도가 남성 고령자의 신체 구성, 체력 및 산화 스트레스에 미치는 영향〉이었다.

산소가 몸에 들어가면 그중 일부에 변이가 일어나 활성산소가 된다. 활성산소는 성인병과 암의 원인이자 노화를 일으키는 주범 중 하나로 꼽힌다.

인체에 산소가 많아지면 활성산소도 많이 생긴다. 이것 때문에 운동을 많이 하면 안 좋다고 하는 의사들이 있다.

내 가설은 인체에 산소가 많아지면 활성산소가 많이 생기지만, 활성산소를 죽이는 물질인 SODSuperoxide dismutase도 많아지므로 활성산소 때문에 운동 강도를 높이면 안 된다는 건 잘못이라는 것이었다. SOD는 활성산소를 산소와 과산화수소로 바꿈으로써 독성으로부터 세포를 방어하는 효소다.

이번에는 한국인을 대상으로 8주간 실험을 했다. 그 결과 남성 고령자의 저항성 운동은 강도 차이를 불문하고 체력이 향상되었고, 활성산소 발생이 증가했지만, 항산화 효소 활성도도 함께 증가시켰다. 따라서 활성산소 발생을 우려해 고강도 저항성 운동을 꺼릴 이유가 전혀 없었다.

그리고, 순천향대학교 대학원 의과학과에서 쓴 박사학위 논문 제목은 〈신체활동과 건강 관련 삶의 질과의 연관성에 대한 메타분석〉이다.

이 세 편의 논문에는 하나의 공통점이 있다. 그것은 나이가 들어서도 얼마든지 저항성 운동을 할 수 있으며, 이왕이면 고강도 저항성 운동을 쉬지 않고 하는 것이 건강에 좋다는 것이다.

자신의 신체 특성과 체질에 맞는 운동을 찾아 꾸준히 하면 부작용은 거의 없고 체력이 향상되면서 노화를 늦추고 정신건강에도 상당히 긍정적인 영향을 끼친다.

체계적으로 운동하는 사람과 하지 않는 사람은 삶의 질에서도 차이가 난다. 몸이 건강하면 정신도 맑아지고 매사 의욕이 생기며 자신감이 넘치게 된다. 당연히 더 많은 행복감을 경험하게 되고 삶의 질이 높아지게 되는 것이다.

당장 실천할 수 있는
7가지 건강 습관

나는 건강전도사로서 강의 요청을 받으면 특별한 일이 없는 한 어디든 간다. 건강의 중요성과 효과적인 운동 방법을 알려주는 데 진심이다. 기업에서 직장인을 대상으로 하거나 복지관 등에서 노인들을 대상으로 할 때도 보람이 있지만, 대학 특히 체육대학에서 젊은 학생들을 상대로 강의할 때 남다른 감회를 갖게 된다.

체육을 전공하는 학생들에게는 이런 이야기를 들려준다.

"나는 젊었을 때 운동의 중요성을 깨닫지 못하고 죽도록 일만 하다가 건강이 나빠져 60년 만에 돌고 돌아 다시 체육을 공부하러 대학에 들어왔는데, 여러분은 20대 젊은 나이에 체육을 전공하니 얼마나 선견지명이 있는 사람들입니까? 다들 저보다 50~60년 앞서가는 인생입니다."

우스갯소리로 들릴 수도 있지만, 따지고 보면 맞는 말이다. 이왕이면 좀 더 젊었을 때, 좀 더 건강할 때 운동에 관심을 쏟고 자기에게 맞는 운동을 시작하는 게 좋다. 운동을 무슨 특별한 일 하는 것처럼 여기지 말고 매일 밥 먹고 잠자고 숨 쉬는 것처럼 자연스럽게 생활화하는 것이다.

요즘 삶의 질을 언급하면서 많이 사용되고 있는 말이 '라이프스타일'이다. 라이프스타일life style은 삶의 양식이나 매일 일상 활동을 영위하는 방식을 일컫는다. 나이가 들어갈수록 건강에 대한 라이프스타일이 중요한 부분을 차지하게 된다.

이 경우에는 개인의 건강 위험에 영향을 줄 수 있는 행동을 포함하는 관리 가능한 행위, 즉 규칙적인 생활방식인 건강 상태를 좌우할 수 있는 인위적인 행동을 뜻한다.

몸과 마음의 편안함과 행복을 추구하는 태도나 행동에 대한 잠재력을 높이는 방향으로 개인을 이끌어가는 적극적인 방법을 의미한다. 이것은 질병을 피하기 위해서가 아니라 자기만족과 즐거움을 위해 추구하는 것이다.

삶의 질에 영향을 미치는 개인의 건강증진 라이프스타일을 찾기 위한 노력은 오랫동안 계속되었다. 대표적인 것이 1965년 '알라메다 카운티 연구'에서 발표된 일곱 가지 라이프스타일이다. 미국 캘리포니아대학교 보건대학원장을 역임한 레스터 브레슬로 팀은 캘리포니아 알라메다 카운티에 거주하는 6,928명을 대상으로 건강 습관과 사회관계망이 신체 및 정신건강에 미치는 영향에 대한 종단연구(동일한 현상에 대해 일정한 시간 간격을 두고 측정을 되풀이하는 연구)를 시행해 '알라메다 7'이라는 건강 습관을 찾아냈다.

그가 추적 조사를 통해 발견한 인생의 단순한 일곱 가지 건강 습관은 다음과 같다.

하나, 아침을 포함한 규칙적인 식사하기
둘, 하루 7~8시간의 충분한 수면하기
셋, 키에 대응하는 적정한 체중 유지하기
넷, 금연하기

다섯, 술을 적게 마시기

여섯, 규칙적으로 운동하기

일곱, 간식을 먹지 않기

이 연구의 결론은 일곱 가지 건강 습관 중에서 여섯 가지 이상을 실천하는 사람은 세 가지 이하만 실천하는 사람보다 11년이나 더 산다는 것이었다. 수명이 11년 길어진다는 것이다.

이 연구 결과가 발표되었을 때 그 당위성에 대해 의문을 표하는 사람은 거의 없었다. 레스터 브레슬로 박사에 따르면 흡연자는 비흡연자보다 폐암 위험률이 80%나 높았고, 한 번에 네 잔 이상 습관적으로 술을 마시는 사람은 그렇지 않은 사람보다 사망위험률이 36%나 증가했다.

또한, 술을 적당히 마시는 사람 열 명 중 한 명은 알코올 중독자가 된다고 했으며, 아침 식사를 충분히 하고 늦은 저녁 식사를 피한 중년 남자는 그렇지 않은 사람들보다 40%나 생존율이 높다고 했다. 비타민이나 섬유질이 거의 없는 가공식품을 아무 때나 먹는 사람은 사망률이 20%나 증가했다.

아울러 날마다 6시간이나 그 이하로 잠을 자는 사람들은 7~8

시간 수면하는 사람들보다 사망률이 36%나 높았으며, 9시간 이상 잠을 자는 사람들 역시 수명이 단축된다는 사실을 확인했다. 매일 20~30분 이상 활기찬 운동을 계속 실천하면서 항상 적당한 체중을 유지하는 것은 건강생활에 필수적이라는 사실도 강조했다.

삶의 질을 떨어뜨리는
8가지 빨리 죽는 법

1965년에 시작된 알라메다 코호트 조사는 1999년까지 이어졌다. 여기서 결론은 건강한 행동이 건강 상태를 개선하고 유지하는 데 필수적이라는 것이었다. 이로써 건강전문가들의 신념은 더욱 확고해졌다.

삶의 질에 부정적인 영향을 끼치는 요소는 비만, 운동 부족, 불건전한 식사 습관, 불충분한 수면 등이었으며, 건강 습관, 즉 건강 증진 라이프스타일을 유지하지 못한 채 적당히 혹은 아무렇게나 살아갈 경우, 삶의 질은 갈수록 심각한 수준으로 떨어졌다.

그렇다면 이 같은 연구를 수행해 미국인들에게 건강 습관의 기준을 제시한 레스터 브레슬로 박사는 얼마나 오래 살았을까? 그는 2012년 97세를 일기로 편안하게 영면했다고 한다.

'알라메다 7'과 정반대되는 기준도 있다. 같은 미국 캘리포니아주 샌 버나디노 카운티에 있는 로마린다대학교 의료원 의사 왈덴은 환자들이 자신의 진정한 모습과 필요를 알게 하려고 이색적인 유인물을 만들어 병원 로비에 비치해 두었다. 이 유인물의 제목은 '빨리 죽는 법' 또는 '당신의 가족이 당신의 보험금을 보다 빨리 지불받을 수 있게 하는 방법'이었다.

하나, 과식하라.

특히 지방질 음식을 많이 먹어라. 지방질은 동물성이거나 포화지방이면 더 좋다. 뚱뚱하고 부유한 사람처럼 보이도록 노력하라. 35세 이후 체중이 10%만 초과해도 수명이 5년이나 단축된다. 우유, 치즈, 크림, 버터 그리고 아이스크림 등을 많이 먹는다.

둘, 운동하지 마라.

할 수 있는 대로 운동을 피하도록 하라. 아주 가까운 곳에 갈 때도 차를 타고 가라. 저녁에 텔레비전 앞에 비스듬한 자세로 편하게 앉아라. 특히 저녁을 늦게 그리고 많이 먹은 다음에 그렇게 한다. 냉장고에서 음식을 꺼내 먹기 위해서만 아주 잠깐 일어난다. 그것도 할 수 있으면 다른 사람에게 부탁하도록 한다.

셋, 심하게 담배를 피우라.

그것도 여러 해 동안 흡연을 즐겨라. 흡연은 폐암의 원인의 80%나 되며, 심장질환의 원인을 두 배나 증가시킨다. 흡연은 여러 형태의 암과 동맥경화증을 조기 발병시킨다.

넷, 알코올성 음료를 많이 마셔라.

알코올은 혈액순환의 증가 없이 심장을 과로하게 하여 심장마비 위험을 증가시킨다. 적당히 마시는 것 때문에 안심해도 좋다. 그러나 소량의 알코올이라도 체내에 들어오면 해로운 영향을 주게 된다.

다섯, 과로하라.

지나친 야심과 목표를 가지고 살도록 한다. 종일 밀어붙이고 쉴 새 없이 일을 추진시키면서 몸부림치는 생활을 한다. 퇴근할 때 사무실에서 되도록 많은 일감을 가지고 집으로 간다. 좀 더 높이 승진하려면 해야 할 일이 많다는 것을 잊지 말라.

여섯, 언제나 긴장 속에서 살라.

정서적인 긴장은 혈액의 콜레스테롤을 크게 높여준다. 정규적인 쉼과 여유를 갖는 것은 지금은 사치스러운 생각이다. 영적 성장을 위하여 조용한 시간을 갖지 않도록 하고, 무슨 문제든지 혼자서 과감하게 처리하도록 한다.

일곱, 커피를 많이 마셔라.

하루에 최소한 여섯 컵 정도 마시면 심장병 발병에 큰 도움이 된다. 심장이 이미 약한 사람은 카페인이 들어오면 심장의 상태가 신속하게 나빠지고 부정맥이 자주 나타나게 된다.

여덟, 건강 검진 같은 건 아예 받을 생각도 하지 마라.

고혈압이나 심장병 그리고 동맥경화와 관련된 대부분 질병은 조기 발견이 예방과 치료에 큰 도움이 된다. 질병의 조기 발견은 고통과 경제적 부담을 크게 줄여준다.

레스터 브레슬로 박사의 조언대로 일곱 가지 건강 습관을 실천하며 살지, 아니면 왈덴 의사의 조언대로 여덟 가지 빨리 죽는 법을 실천하며 살지는 오로지 나의 결심에 달려 있다.

내 몸을 돌보는 건 내 책임
: 다양한 연구결과

나이가 들어감에 따라 신체의 전반적인 활력이 떨어지고 모든 생리적인 기능이 저하된다. 이를 늦추거나 다시 끌어올리는 방법으로는 운동이 가장 효과적이다.

앞서 이야기했듯 운동하는 사람과 운동하지 않는 사람을 비교했을 때 삶의 질이 100점 만점에 4.4점 더 높아진다.

그렇다면 구체적으로 운동 형태에 따라 나타나는 삶의 질 차이 혹은 변화는 얼마나 될까?

먼저 유산소운동은 주로 심폐지구력과 근골격계를 강화하는 데 도움이 되며, 혈중 지질 성분을 낮추고, HDL 콜레스테롤을 높임으로써 관상동맥질환의 위험을 감소시킨다. 인체의 면역기능을 올려주고 지방을 줄여주기 때문에 비만을 해소하는 데 효과적인 운동법이다.

덴마크의 한 연구를 보면 평균 69세인 229명의 사람을 대상으로 주 2회, 2시간씩, 7주 동안 에어로빅운동을 시행한 다음 조사했더니 삶의 질이 76점에서 78점으로 2점 상승하였고, 한국에서는 65세 이상 여성을 상대로 주 3회, 12주 동안 중강도의 에어로빅운동을 하게 한 후 측정했더니 삶의 질이 88점에서 92점으로 4점 높아졌다.

캐나다에서는 주 5일 동안 만보계를 착용한 채 걷기를 생활하도록 한 뒤 12주 후 살펴본 결과 삶의 질이 79.8점에서 83.2점으로 3.4점이 올라갔다. 2014년에 실시한 국민건강영양조사에 따르면 주 5일, 하루 30분 이상 걷는 사람은 삶의 질이 94.2점이었으며, 평소 잘 걷지 않는 사람들의 삶의 질 점수 89점보다 5.2점이나 높았다. 유산소운동이 얼마나 효과적인지를 잘 알 수 있다.

노인 증후군이 주로 골격근육의 약화 혹은 손실을 초래하기 때문에 노화에 따른 근육량 및 근력의 저하를 방지하거나 노인성 질환에 대처하기 위해서는 근육을 늘릴 수 있는 저항성 운동이 필수적이다.

저항성 운동은 운동할 때 산소공급이 충분하지 않거나 부족한 상태에서 하는 운동방식이다. 숨이 차고 운동을 계속하는 게 힘든 단시간 운동으로 웨이트 트레이닝이 대표적이다. 저항성 운동은 근육이 혈관을 지나치게 압박할 수 있고, 호흡하지 않을 때 흉강의 압력 증가로 혈압을 상승시킬 수 있으므로 자신이 할 수 있는 최대치의 무게로 운동하는 것은 매우 위험하고 자신에게 알맞은 무게를 택해 반복하여 운동하는 것이 좋다.

스웨덴에서 목에 통증이 있는 일반 성인 159명을 상대로 근육 운동을 하루 35분간, 3개월 동안 실시한 후 삶의 질을 측정했더니 85.9점에서 89.5점으로 3.6점이 높아졌고, 덴마크에서는 집에서 요양하는 환자 31명을 주 3회, 12주간 근육 운동을 하게 한 후 삶의 질을 조사했더니 EQ-5D는 75점에서 78점으로 3점이 올라갔으며, EQ-Vas는 63.7점에서 66.2점으로 2.5점이 높아졌다.

한국에서도 국민건강영양조사를 통해 대사증후군이 있는 성인 1,423명을 대상으로 운동 여부에 따른 삶의 질 차이를 조사한 결과 주 1회 이상 저항성 운동을 하는 사람의 EQ-Vas가 94점으로 운동을 하지 않는 사람의 90점보다 4점이 높았다.

유산소운동과 저항성 운동을 같이하는 형태를 복합 운동이라고 한다. 두 가지 운동 방법을 병행하는 것이기에 아무래도 운동 시간이 길어지는 효과가 있고, 호흡과 순환 기능을 촉진하면서 신체 여러 근육의 발달을 종합적으로 향상하는 효과를 볼 수 있는 장점이 있다.

건강은 나를 책임지는 일
'운동하라!'

운동 강도를 달리했을 때도 삶의 질에 차이가 날까?

스페인에서 65세가 넘은 64명에 대해 주당 150분 이상의 운동을 기준으로 고강도 그룹과 저강도 그룹으로 구분해 삶의 질을 측정해 비교한 결과, EQ-5D가 고강도 그룹은 81점, 저강도 그룹은 75점으로 고강도 그룹의 삶의 질이 6점 높았고, EQ-Vas는 고강도 그룹이 82점, 저강도 그룹이 76점으로 6점이 높았다.

2009년 국민건강영양조사 결과를 보면 주 3회, 20분 이상 고강도 운동을 하는 그룹의 EQ-Vas로 측정된 삶의 질은 74.1점으로 중강도로 운동하는 그룹의 73.1점보다 1점이, 저강도로 운동하는 그룹의 70점보다 4.1점이 높아 유의미한 삶의 질 차이를 드러냈다.

　운동의 효과는 단순히 삶의 질을 높일 뿐만 아니라 유산소운동이 심혈관 계통을 원활하게 하고 지방 축적을 완화하여 대사증후군을 예방해 주고, 저항성 운동이 신경전달 물질을 자극하여 근육을 증대시켜 근력을 키우고 근 소실을 방지해 노인 증후군에 대치하는 등 헤아릴 수 없을 만큼 많다.

　나 역시 운동을 시작한 이래 지난 십수 년간 감기나 몸살로 고생할 일이 없었고, 코로나바이러스에 한 번도 감염되지 않았다. 지금도 하루 2시간씩 근력운동을 꾸준히 하고 있고, 격일로 시속 6.5킬로미터 속도로 1시간을 걷는다. 밖에 나가면 젊은이들이 나를 보고 "할아버지"라고 부르는 경우보다 "아저씨"라고 부르는 경우가 훨씬 더 많다.

　문제는 우리가 잘 아는 내장근육은 자율신경계로서 따로 운동하지 않아도 되지만, 골격근육은 운동하지 않으면 사라진다는 것이다. 근육이 운동을 기억하는 시간은 72시간 이내다.

　따라서 3일 간격 이내로 꾸준히 운동해야만 만들어진 근육을 유지할 수 있다. 거꾸로 생각해 보면 위장은 하루에 최소한 세 번 이상 음식물을 공급하며 쉬지 않고 운동을 시키고 있는데, 근육은 3일에 한 번만이라도 신경 좀 써 달라고 하는데도 너무 무심한 게 아닐까?

"운동은 언제 시작하는 게 제일 좋을까요?"

이렇게 묻는 사람들이 있다. 아무리 좋은 생각도 실천이 따르지 못하면 소용이 없는 것처럼 자꾸 미루며 차일피일하지 말고 당장 시작해야 한다.

나는 체계적으로 운동하면서 내가 어떤 운동을 얼마나 했는지, 그에 따른 변화는 어떤지를 알기 위해 직접 만든 운동 일지를 작성해왔다. '맑고 산뜻한 여름 같은 집'이라는 뜻으로 '청하당'이라 명명한 내 판교 집에는 운동 일지만 모아둔 방이 있다.

연도별로 운동 일지가 잘 보관되어 있다. 요일, 운동 부위, 운동 종류, 시간, 강도와 횟수, 체중 등을 상세히 기록하는 것이다. 내 몸의 변화 과정을 잘 들여다볼 수 있을 뿐 아니라 앞으로 어떻게 운동해야 할지를 판단할 수 있는 자료가 된다.

운동 일지는 규칙적으로 운동하는 사람의 경우에만 기록할 수 있다. 만약 현실적으로 이것이 어렵다면 운동 달력을 작성하는 것도 좋은 방법이다. 달력에 운동한 날과 그렇지 않은 날을 표시하는 것이다. 달력을 볼 때마다 운동에 관한 동기부여가 될 수 있다. 이왕 기록하는 김에 운동한 날은 달력에 종류와 시간, 강도, 횟수 등을 간단하게 기록하면 더욱 좋다.

달력에 기록하는 것이 번거롭고, 지난달과 이번 달을 비교해 보기가 귀찮다면 한눈에 알아볼 수 있게 달력 대신 연력을 만들어 쓰는 것도 방법이다. 커다란 종이 한 장에 일 년 열두 달이 표시된 연력을 붙여놓고 운동한 날에 관한 사항을 기록하는 것이다. 언제 운동을 많이 했고 게을리했는지 알 수 있을 것이다. 인터넷에서 다양한 형태로 제작된 연력을 구매할 수 있다. 어떤 방법이든 자신에게 맞는 방법을 찾아내 꾸준히 실천하는 것이 중요하다.

내 몸을 가장 잘 아는 것은 나다.
내 몸을 가장 사랑하는 것도 나다.
내가 내 몸을 돌보지 않는다면 세상 그 누구도
내 몸을 대신 돌봐줄 수 없다.
운동은 나를 책임지는 일이다.

건강수명과 자연 수명이
일치해야 한다

내가 인생을 잘 살았는지 혹은 잘못 살았는지, 정체성에 맞는 삶을 살았는지 또는 맞지 않는 삶을 살았는지 정확히 알 수 있는 것은 세상을 떠나는 순간이다.

인생을 잘 살았고 정체성에 맞는 삶을 살았다면 행복하게 세상과 이별할 수 있겠지만, 인생을 잘못 살았고 정체성에 맞지 않는 삶을 살았다면 슬픔과 괴로움 속에 세상과 작별해야 할 것이다.

그러나 어떤 경우에든 공통으로 희망하는 것이 있다. 언제 어떻게 죽음을 맞이하더라도 그때까지는 건강하게 살다가 사랑하는 가족 곁에서 고통 없이 세상을 떠나고 싶다는 바람이다. 질병으로 오랫동안 고초를 겪다가 홀로 쓸쓸히 임종을 맞이하고 싶은 사람은 거의 없을 것이다.

기대수명은 특정 시기에 태어난 인구의 예상되는 수명을 말하고, 평균 수명은 특정 시기에 사망한 인구의 수명을 뜻한다. 관점이 다를 뿐 사람들이 평균적으로 누린 수명을 가리킨다는 차원에서 같은 의미다.

이에 비해 건강수명은 기대수명 또는 평균 수명에서 질병이나 부상 등으로 인해 활동하지 못한 시기를 뺀 기간을 일컫는다. 실제로 활동하며 건강하게 산 기간이 어느 정도인지를 나타내는 지표다. 기대수명이나 평균 수명이 증가하는 것도 중요하지만, 건강수명이 늘어나는 것이 더 중요하다.

또한 자연 수명은 인간이 살 수 있는 최대한의 수명을 의미한다. 건강수명과 자연 수명이 일치하는 것이 가장 이상적이라 할 수 있다.

대한민국 통계청에 따르면 2020년 기준으로 한국인의 기대수명은 남자 80.6세, 여자 86.6세로 평균 83.6세 정도다. 남녀 간에 6년 차이가 난다. 그중 건강수명은 73.1세로 기대수명보다

10년 정도 짧다. 건강수명에서도 여자는 74.7세, 남자는 71.3세로 여자가 3.4년 더 길다. 노화나 질병 등으로 인해 어쩔 수 없이 남자는 평균 약 10년, 여자는 12년가량을 건강하지 못한 말년을 보낸다.

경제협력개발기구 회원국의 평균 기대수명과 건강수명도 각각 80.5세와 70.3세로 10년 정도 차이가 난다. 예방과 치료의학이 발전하면서 기대수명과 평균 수명은 계속 늘어나고 있지만, 건강수명과의 차이를 좁히지 못한다면 목숨은 붙어있으나 존엄성과 정체성을 상실한 채 내 삶의 주인이 되지 못한 상태로 연명하게 되는 것이다.

2019년 초여름 KBS 1TV에서 방영되는 '생로병사의 비밀'이라는 프로그램에 출연한 적이 있다. 팔순을 앞둔 내가 10여 년 동안 꾸준히 운동한 결과 몸이 얼마나 건강해졌는지를 소개했다. 아침에 집 주변을 45분 동안 달리는 모습부터 보여 주었다.

나는 달릴 때 수분 보충을 위해 물병을 들고 달린다. 수시로 물을 마시며 달려야 탈수 현상이 오지 않는다. 일주일에 서너 번 이상 매일 아침에 달리면서 유산소운동을 한다. 예전에는 10킬로

미터를 달리다가 조금씩 줄인 것이다. 이어 제작진을 데리고 내 운동 일지를 모아둔 방으로 갔다. 해마다 내 몸의 건강 수치가 얼마나 달라졌는지를 분명하게 보여 주기 위해서였다. 오후에는 집 근처에 있는 헬스클럽에 가서 각종 기구를 이용해 근력 운동하는 장면도 보여 주었다.

"혈액이 혈관을 따라 계속 돌죠? 왜 도나요? 몸 곳곳에 산소를 공급하려고 도는 거죠. 또 세포에서 나온 노폐물을 가져가려고 왔다 갔다 하는 거예요. 따라서 혈관이 건강하지 않으면 고속도로 혹은 등산로에 잡초가 생기는 거나 마찬가지예요. 길에 잡초가 무성하면 다닐 수가 없어요. 우리가 뛰는 운동을 하는 것은 혈관을 계속 고속도로나 등산로로 유지하려는 거예요. 그리고 운동 일지에 기록된 대로 제 근육량이 매년 늘고 있죠? 지금도 계속 늘어나니까 이런 식으로 가면 90대 되면 더 좋아지겠죠? 100세 됐을 때 얼마나 좋아질까요?"

이때 내가 했던 말이다. 제작진의 젊은 스태프는 나를 보고 놀라워했다.

"그는 인생 후반전에 생의 어느 때보다 건강하다."

내가 출연하는 부분 맨 마지막에 이런 해설이 흘러나왔다.

내가 방송에서 보여 주고자 했던 것은 운동을 시작하기에 늦은 나이란 없으며, 운동을 통해 꾸준히 건강관리를 하면 기대수명을 넘어 자연 수명까지 살 수 있고, 나아가 건강수명과 자연 수명을 일치시킬 수 있다는 것이었다. 이것은 꿈이 아니다. 충분히 가능한 현실이다.

"도대체 왜 안 된다는 거지?"
열정과 호기심의 원천

하버드대학교 의과대학 유전학 교수인 데이비드 싱클레어 박사는 25년 동안 장수를 연구한 끝에 펴낸 책『노화의 종말(원제: Lifespan)』에서 노화는 운명처럼 받아들여야 하는 것이 아니라 질병이며 치료할 수 있다고 주장한다. 그러면서 땀 흘려 운동할 것을 권한다.

"수명 유전자들을 전면적으로 가동하려면 강도가 중요하다. 메이오병원의 연구진은 연령 집단별로 서로 다른 운동을 하도록 한 뒤 효과를 조사했다. 많은 유형의 운동들이 건강에 유익한 효과를 일으키긴 했다. 하지만 건강을 개선하는 유전자들을 가장 많이 참여시키는 운동은 고강도 인터벌 트레이닝이었다. 심장 박동수와 호흡률을 상당히 높이는 운동이다. 나이 든 사람일수록 효과가 더 좋았다. 힘들다는 느낌이 들 때까지 격렬하게 운동하라. 빠르고 깊이 호흡을 하면서 최대 심장 박동수의 70~85%로 뛰어야 한다. 땀을 흘려야 하고 숨을 고르지 않고서는 몇 마디 이상 말할 수 없을 정도로 해야 한다. 이것이 저산소증 반응이며, 영구히 피해를 입지 않으면서 몸의 노화 방어 체계를 활성화할 만큼 스트레스를 일으키는 아주 좋은 방법이다.”

그는 운동이 건강은 물론 장수와도 대단히 밀접한 관계에 있다는 사실을 강조한다.

“운동 습관이 다른 성인 수천 명의 혈구에 있는 텔로미어를 조사했더니 한 가지 놀라운 상관관계가 드러났다. 운동을 더 많이 하는 사람일수록 텔로미어가 더 길었다. 그리고 미국질병통제예방센터의 지원을 받아 2017년에 발표된 한 연구 결과에 따르면, 운동을 더 많이 한 사람이 앉아서 생활하는 사람보다 거의 10년 이상 젊어 보이는 텔로미어를 지녔다고 한다.

…… 장수 조절 인자인 AMPK, mTOR, 서투인은 모두 열량 섭취에 상관없이 운동을 통해 새 혈관을 생성하고, 심장과 폐를 더 건강하게 하고, 몸을 더 튼튼하게 하고, 텔로미어를 늘리는 올바른 방향으로 조절된다.”

텔로미어telomere는 진핵생물 염색체의 말단에 존재하는 반복적인 염기서열을 가지는 DNA 조각으로서 세포분열이 반복될수록 점점 짧아져 결국 소실되는데, 이는 세포노화 등을 유발하는 원인의 하나로 추측된다. 서투인sirtuin은 건강수명을 늘리는 장수 유전자다.

노화를 늦추고 건강수명을 늘리는 방법 중에는 심리적 요인도 중요하다. 노화를 당연한 것으로 받아들여 할 수 있는 것조차 포기하고 무기력해지는 것을 삼가야 한다는 말이다.

하버드대학교 심리학과 엘렌 랭어 교수는 1979년 '시계 거꾸로 돌리기 연구'라는 이색적인 실험을 했다.

서 있기도 힘들어하고 혼자 짐 나르는 일조차 어려워하던 70대 후반부터 80대 초반까지의 노인들을 모아 한적한 시골 수도 원에서 생활하게 한 것이다.

이들에게는 두 가지 규칙이 주어졌다. 하나는 지금이 20년 전인 1959년인 것처럼 실제로 말하고 행동하는 것이었고, 다른 하나는 청소와 빨래와 설거지 등 집안일을 자신이 직접 하는 것이었다.

일주일 후 이들에게 어떤 변화가 생겼을까?

행동의 변화가 몸에도 그대로 반영되었을까?

놀랍게도 노인들은 일주일 만에 눈에 띄게 활력을 되찾았으며, 신체 기능 역시 확실히 좋아졌다. 신체 나이가 50대 수준으로 젊어진 것이다. 이들의 발목을 잡은 것은 신체가 아닌 신체적 한계를 믿는 사고방식이었다.

아무 생각 없이 나이에 걸맞게 수동적으로 살면 기대한 대로 늙고 병들 수밖에 없지만, 항상 새로운 것에 도전하고 몰입하며 능동적으로 가능성에 의식을 집중하면 늙는다는 착각에서 벗어날 수 있다는 것이 실험이 밝혀낸 결론이었다.

"나이 먹었으니 이 정도 아픈 건 당연하지."

"이 나이에 어떻게 그런 일을 할 수 있어?"

이런 생각은 하지 말자. 대신에,

"나는 아직도 할 수 있어."

"도대체 왜 안 된다는 거지?"

이렇게 마음먹고 열정과 호기심을 잃지 않는다면, 노화를 늦추면서 주체적으로 살아갈 수 있다.

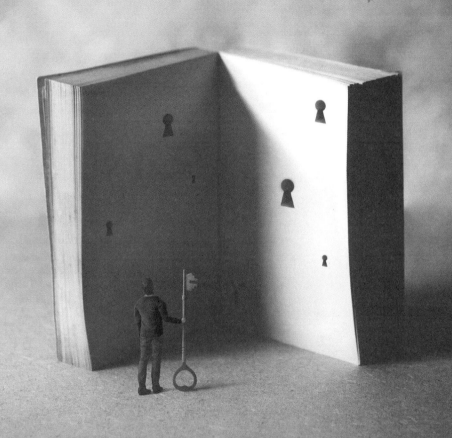

4장

내 인생을 바꾼
질문

"지금 나는 행복한가?"

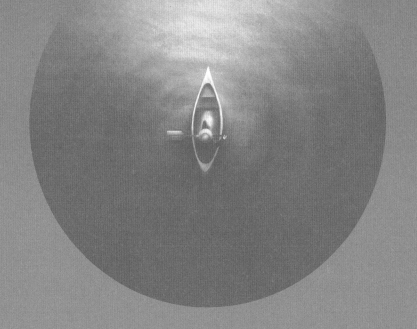

내 행복과 삶의 질은
몇 점일까?

"당신은 행복하십니까?"

"당신의 인생에서 가장 행복했던 때는 언제였나요?"

일상에서 우리는 이 같은 질문을 많이 받기도 하고 하기도 한다. 이런 질문을 주고받는 것은 그만큼 사람들이 행복에 관심이 많기 때문이다. 누구나 행복한 삶을 바란다. 자신의 삶이 불행하기를 바라는 사람은 없다.

행복이 무엇일까?

어떻게 하면 행복해질 수 있을까?

행복해지려면 어떤 조건들이 충족되어야 할까?

수많은 사람이 이러한 질문을 던졌고, 현자들과 종교지도자들과 정치인들이 다양한 방식으로 이에 대한 해답을 내놓았다.

"인간의 모든 행위와 선택은 행복을 지향한다."

"행복은 온 생애를 통하여 궁극적이며 자족적인 것으로 행동하는 모든 것의 목적이다."

고대 그리스 철학자 아리스토텔레스가 한 말이다. 행복한 삶은 단순히 개인의 기분이 좋고 나쁜 차원을 넘어 시민으로서의 덕성에 의해 공공선에 이르게 한다. 따라서 행복은 개인뿐 아니라 정부와 사회가 추구하는 공동의 목적이 된다. 행복은 추상적인 개념이고 주관적인 경험이다. 이를 정량화하는 데는 여러 가지 어려움이 따른다.

그런데도 과학 기술이 발달하면서 행복을 좀 더 체계적이고 과학적으로 연구하려는 움직임이 가속화 해왔다. 행복의 요소들을 객관적으로 측정해서 점수로 매기거나 알기 쉽게 수치로 표준화해서 비교해 볼 수는 없을까? 의학, 심리학, 정신분석학, 뇌과학 방면에서 이런 연구들이 꾸준히 진행되었다.

2013년 경제협력개발기구OECD에서 '주관적 웰빙 측정 가이드라인'을 발표했다. 행복의 수준을 과학적으로 측정하는 방법을 제시한 것이다.

간단하게 설명하자면, 첫 번째는 삶에 대한 만족도로 전반적인 생활을 평가하는 것이고, 두 번째는 감정의 상태를 측정하는 것이며, 세 번째는 삶의 의미나 목적을 파악하는 것이다.

현재 대부분의 OECD 가입국들이 이와 같은 삶의 만족도를 행복 측정 지표로 삼고 있으며, 각 국가에서 집계된 평균 점수를 활용해 세계 각국의 행복 순위를 발표하고 있다. 2017년부터 2019년까지 3년 동안에 걸쳐 발표된 한국인의 행복 순위는 조사 대상 153개국 중 61위를 차지했다. 중간 수준인 셈이다.

유엔에서도 매년 '세계 행복 보고서'를 통해 세계 여러 나라의 행복 순위를 발표한다. 유엔의 국가 행복 지수는 유엔 산하 자문기구인 지속가능발전해법네트워크SDSN가 국가별 국내총생산 GDP과 기대 수명, 사회적 지지 등을 바탕으로 집계한다. 이에 따르면 2018년부터 2020년까지 3년간 대한민국의 행복 지수는 10점 만점에 5.85점이었다. 경제협력개발기구 37개국 가운데서

튀르키예(4.95점), 그리스(5.72점)에 이어 세 번째로 낮았다. 전체 조사 대상 149개국 중에서도 62위에 불과했다.

국가 행복 지수가 가장 높은 나라는 핀란드(7.84점)였고, 그 뒤를 덴마크(7.62점), 스위스(7.57점), 아이슬란드(7.55점) 등이 뒤따랐다.

"삶의 질은 한 개인이 살아가고 있는 문화권과 가치체계의 맥락 안에서 자신의 목표, 기대, 규범, 관심과 관련하여 인생에서 자신이 차지하는 상태에 대한 개인적인 지각이다."

세계보건기구WHO가 내린 정의다. 이에 기초해서 삶의 질을 과학적으로 측정하고 평가하는 신뢰성 있는 도구로 세계보건기구가 개발한 것이 '삶의 질 척도WHOQOL'이다.

이에 의하면 삶의 질은 네 가지 영역으로 분류된다. 신체적 건강 영역, 심리적 영역, 사회적 관계 영역, 환경 영역이 그것이다. 세계보건기구에서는 이 네 가지 척도로 삶의 질을 측정한다.

오후 5시
"저는 이만 퇴근하겠습니다"

한창 사업가로 분주히 활동하던 1996년 10월, 세계에서 행복 지수가 가장 높다는 핀란드 정부로부터 백장미 훈장을 받았다. 자유의 십자가 훈장, 핀란드 사자 훈장과 함께 핀란드가 수여하는 공식 훈장 세 개 중 하나였다. 사업이 번창하면서 핀란드로부터 수입을 많이 했기 때문에 그 공로를 인정한 것이다. 그때는 사업차 핀란드를 종종 방문하곤 했다.

어느 날 핀란드 유수의 기업체 회장을 만났다. 이야기를 나누다 보니 오후 5시가 되었다.

"저는 이만 퇴근하겠습니다."

60세가 넘어 보이는 여자 비서가 회장실 문을 열더니 이렇게 말하고는 퇴근해 버렸다. 비서가 퇴근한 뒤에도 나는 핀란드 기업 회장이 직접 타주는 커피를 마시며 대화를 이어갔다.

뉴질랜드에서도 비슷한 경험을 했다. 뉴질랜드는 자가용 기사라는 직업이 없다. 가정부도 없다고 한다.

행복 지수가 높은 나라는 잘사는 사람과 그렇지 못한 사람의 차이가 크지 않다. 특권이나 혜택을 많이 누리며 사는 사람과 그렇지 않은 평범한 사람 사이에 격차가 없는 것이다. 대다수 사람이 보편적인 행복을 누리며 살아간다. 이런 나라가 행복 지수가 높은 나라다. 반면에 행복 지수가 낮은 나라는 행복한 사람과 불행한 사람 간의 차이가 매우 크다.

이번에 박사학위 논문을 쓰면서 국민건강영양조사의 원시자료를 이용하여 신체활동을 적절하게 하는 그룹과 그렇지 못한 그룹의 건강 관련 삶의 질 차이를 연구한 논문들을 분석해 봤더니 신체활동을 적절하게 하는 그룹이 그렇지 못한 그룹보다 삶의 질이 100점 만점에 4.4점 더 높다는 것이 증명되었다. 종합적인 효과의 크기가 4.4점이면 통계적으로 상당히 유의미한 점수다.

그렇다면 이렇게 측정한 행복 지수의 여러 지표는 구체적으로 어떻게 활용될까?

첫째는 각종 정책을 위한 전반적인 모니터링에서 기초자료로 활용된다. 한 국가의 국민 혹은 한 지역의 주민들이 현재 어떤 상태에 있으며, 무엇을 필요로 하는지 파악할 수 있다.

둘째는 국제기구나 정부에서 정책을 세울 때 우선순위를 결정하는 데 도움이 되며, 중요한 의사결정을 할 때 필요한 자료가 된다. 복지나 구호 정책의 판단 기준이 되는 것이다.

행복에는 객관적 행복과 주관적 행복이 있다. 사회적 행복과 개인적 행복이라고도 할 수 있다.

앞에서 언급한 것은 객관적 행복과 사회적 행복에 관한 것이다. 국제기구와 주요 선진국에서 주기적으로 세계 각국의 행복 지수를 조사해 발표하는 건 인류가 보편적으로 지향해야 할 객관적 행복과 사회적 행복의 수준을 계속해서 끌어올리기 위함이다.

아리스토텔레스가 말한 대로 시민으로서의 덕성에 의해 공공선에 이르게 하려는 것이다. 그러려면 현재의 행복 수준이 어느 정도인지 각 지표를 정확히 알아야 한다. 상위권에 속한 국가는 이를 잘 관리하고 유지하면서 부족한 부분을 끌어올리는 데 주안점을 둘 것이고, 중위권에 속한 국가는 상위권으로, 하위권에 속한 국가는 중위권으로 진입하는 것을 목표로 삼을 것이다.

물론 국가 행복 지수가 높다고 해서 국민이 다 행복한 것은 아니고, 국가 행복 지수가 낮다고 해서 국민이 다 불행한 것도 아니다. 경제적으로 높은 수준에 있으면서 행복 지수 또한 높은 나라가 있다. 핀란드, 덴마크, 스위스, 네덜란드 등 북유럽 국가들이다. 경제적 수준은 높지 않지만, 행복 지수가 높은 나라도 있다. 코스타리카, 멕시코, 콜롬비아 등이다.

반면 경제적 수준은 높으나 행복 지수가 낮은 나라가 있다. 중국, 그리스, 튀르키예 그리고 대한민국 등이다.

"당신은 행복하십니까?"
"당신의 인생에서 가장 행복했던 때는 언제였나요?"

무엇이
행복과 삶의 질에 영향을 주는가?

현대인의 행복과 삶의 질에 영향을 미치는 주요 요소에는 앞서 말한 대로 경제적 성장과 이를 개인의 삶에 효과적으로 반영되도록 정책을 실행하는 국가의 역할 외에도 여러 가지가 있다.

먼저 사회적·정치적 요인이다. 사회적·정치적 환경에 의해 달라지는 행복 지수는 국가 간 행복 지수를 비교해 보면 확실히 알 수 있다.

2017년부터 2019년까지 경제협력개발기구 국가 중 행복 지수가 가장 높은 나라는 핀란드로, 한국의 행복 지수인 58.7점보다 19.4점 많은 78.1점이었다.

대만은 한국보다 높은 64.6점이고, 일본은 한국과 같으며, 중국은 한국보다 낮은 51.2점이었다.

경제 규모와 달리 각국의 행복 지수가 이처럼 차이 나는 건 어떤 이유에서일까? 사회적·정치적 환경 때문이다. 한국과 핀란드의 행복 지수 차이인 19.4점을 구체적으로 들여다보자.

사회적 지지	3.7점	건강 기대 수명	−0.6점
삶에 대한 선택의 자유	4.0점	관여	−0.1점
부정부패에 대한 인식	3.8점	기타 사회적·정치적 요인	8.2점
합계		19점	

* 나머지 0.4점은 사회적·정치적 요인이 아닌 경제적 요인, 즉 1인당 국내총생산 기준이다.

세부 항목들도 그 의미를 들여다보자. 행복과 삶의 질에 영향을 주는 것들이 더 명확해질 것이다.

• 사회적 지지

개인적 관계의 질을 측정하는 사회적 지지는 행복을 결정하는 중요한 요인이다. 개인의 취약한 관계는 제한된 경제적 기회, 힘든 시기에 감정적 지지의 부족, 고립감과 연결되어 불행으로 이어질 가능성이 있다.

2017년부터 2019년까지 조사된 월드 갤럽 폴 자료에 따르면, 15세 이상 한국인의 80%가 어려운 시기에 의지할 수 있는 누군가를 알고 있다고 믿는다. 이는 경제협력개발기구 평균 91%에 비해 낮은 수준이다. 사회적 지지에 있어 가장 높은 비율을 보이는 국가인 아이슬란드는 한국보다 17%가 높은 97%다.

사회적 지지는 한 개인이 다른 사람들과 맺는 관계에서 얻을 수 있는 사랑, 존중, 인정, 물질과 같은 긍정적인 자원이다. 어려움이 닥쳤을 때 다른 사람으로부터 지지를 받고 있다고 지각하는 것은 스트레스 대처 능력, 사회적 문제 해결, 신체적·심리적 건강을 증진하며, 마음의 고통을 경감시켜 준다.

· 삶에 대한 선택의 자유

살아가는 데 있어 자유로운 선택이 가능한 것은 현대인의 행복한 삶에 필수적인 요소다. 자유로운 선택이 가능하다는 인식은 삶의 질에 유의한 영향을 끼친다. 소득증진과 같은 발전을 도모하는 이유는 실질적으로 삶의 여건을 개선하여 자신들이 원하는 삶을 스스로 선택하며 살 수 있도록 하기 위한 것이다.

월드 갤럽 폴 자료에 따르면 2017년부터 2019년까지 한국 성인의 61%만 자신의 삶에 선택의 자유가 있다고 느꼈다. 이러한 비율은 경제협력개발기구 국가들보다 낮은 수준으로 노르딕 국가들의 95% 수준에 한참이나 뒤처져 있다.

• 부정부패에 대한 인식

재계나 정치권이 부패했다는 인식은 사회적 효능감을 저해하여 시민으로서 행복한 삶을 누리는 데 부정적 영향을 줄 수 있다. 2020년에 국제투명성기구에서 발표한 부패인식지수에 의하면 한국의 정부나 기업에 대한 부패인식은 61점으로 국제사회와 비교하면 심각한 편은 아니지만, 상위권 국가 평균 점수인 88점에 비해 투명도가 훨씬 낮은 수준이다.

• 관여

관여란 이타적 사회 참여를 말한다. 이타적 사회 참여는 금전을 쓰는 기부와 시간을 쓰는 자원봉사를 포함한다. 2006년부터 2008년까지 갤럽 월드 폴 자료를 분석한 결과에 의하면 이타적 사회 참여가 삶의 질에 영향을 미친다는 게 136개국 중 120개 국가에서 확인되었다.

이 외에도 기타 사회적·정치적 요인으로는 다음과 같은 것들이 있다.

• 타인과의 관계

자신이 생활하는 지역 구성원으로서의 소속감과 가족이나 친구의 존재와 이들과의 친밀한 소통이 삶의 만족도를 유의하게 증진한다. 곤란한 일이 있을 때 기댈 수 있는 사람이 있다는 사실, 즉 사회적 지지체계의 존재는 행복한 삶을 살 수 있는 조건으로 작용한다.

• 물리적으로 안전한 환경과 신뢰할 수 있는 장치

관계를 통해 행복한 삶을 누리기 위해서는 물리적으로 안전한 환경과 신뢰할 수 있는 장치가 필요하다. 경찰과 사법 체계에 대한 신뢰가 삶의 만족도를 유의하게 증진한다는 사실은 실증분석을 통해 확인되었다. 지갑을 잃어버렸을 때 이웃이 발견하면 돌려줄 것이라는 믿음, 즉 도난으로부터의 안전감은 삶의 질을 높여준다.

• 미래 전망

현재보다 미래에 더 나아질 것이라는 긍정적인 전망은 개인에게 현재의 삶을 적극적으로 살아갈 수 있게 해주는 원동력이 되고, 결국 행복한 삶을 누릴 수 있게 만든다. 베일에 싸인 이탈리아의 천재 작가 엘레나 페란테는 "교육이 자신이 원하는 삶의 형태를 스스로 결정하고 추구할 수 있는 역량을 확보하게 해주어 개인의 행복 증진에 이바지한다"라고 했다. 교육을 통해 획득하는 긍정적인 미래 전망이 행복한 삶을 살 수 있게 하는 동력이 된다는 것이다.

사회적·정치적 요인과 더불어 인구 사회학적 요인 또한 행복과 삶의 질에 많은 영향을 끼치는 것으로 드러났다. 성별이나 나이, 학력, 결혼 여부, 종교의 유무, 가족 내에서의 관계 등이다.

• 성별

'2017년 사회문제와 사회통합실태조사'의 원자료를 활용하여 청년(19~34세), 중년(35~49세), 장년(50~64세), 노년(65세 이상)의 연령대별 삶의 만족 영향 요인 분석을 보면 교육 수준이 높을수록 삶의 만족 수준이 높고, 청년과 중년, 장년 집단에서 여성의 삶의 만족 수준이 유의미하게 높았다. 여성의 기대 수명은 남성보다 높지만, 건강 측면에서 보면 남성 노인보다 열악하다. 혼자 사는 여성 고령자의 경우에 경제적으로 취약하고 건강도 남성보다 못한 상황이라고 할 수 있다. 기대 수명의 증가와 성별에 따른 평균 수명의 차이로 고령화사회에서 높은 비중을 차지하는 여성 노인의 삶의 질은 낮은 수준임을 알 수 있다.

• 나이

청년에서 노인으로 갈수록 삶의 만족 점수는 낮아지는 경향을 보인다. 국민건강영양조사 자료에 의한 EQ-5D 지수에 따르면 30~39세는 0.96, 40~59세는 0.95, 60~69세는 0.93으로 삶의 질이 계속해서 떨어지고 있고, 70세 이상이 되면 0.89로 급격히 낮아지고 있다. 주요 선진국에서는 삶의 만족 수준이 40~50세 사이에서 최저점을 보인 후 60세 이상까지 점차 상승하다가 75세 이후부터는 다소 감소하는 전반적인 U자형이 나타난다.

• 학력

일반적으로 교육을 받은 사람은 살아가는 데 필요한 지식과 기술을 갖추고, 이를 이용한 노동으로 많은 소득을 올리며, 건강증진 의식과 행위를 통해 더 나은 삶을 살아가는 경향이 있다. 교육수준이 삶의 질에 영향을 미치는 과정에서 고용 형태와 주관적 건강 상태, 사회관계의 빈도는 유의한 매개변인으로 작용하고 있다. 이러한 결과는 국가적으로 국민의 교육 수준 향상을 도모함과 동시에 노년층의 고용 안정성과 건강 수준 증진을 추구해야 함을 시사한다.

• 결혼

결혼은 생애 동안 경험하는 중대한 사건 중 하나로 행복에 대해 긍정적인 영향을 미친다. 배우자의 존재는 부정적 경험을 완화하여 40대 후반에 최저점을 보이는 행복의 U자형 패턴을 깊어지지 않게 조정해 준다. 혼인이 삶의 질에 미치는 영향을 보면 미혼 집단의 행복 수준이 기혼 집단에 비해 낮고, 이혼, 별거, 사별한 집단의 행복 지수 역시 기혼 집단에 비해 낮다.

• 종교

대한민국의 종교인구는 전체 인구의 과반수에 해당하고, 특히 노인 중 종교인구 비율은 젊은 층에 비해 높은 편으로 종교는 노인의 삶의 질에 상당히 유의미한 영향을 주는 것으로 나타났다. 종교활동을 하면 인간관계망이 형성되어 노년기에 오기 쉬운 무소속감, 고독감 등을 덜어줄 수 있으며, 비상시에 사회적 안전망이 되어 도움을 얻을 수 있다. 또한 내세를 강조하는 종교적 가치관을 통해 죽음을 담담하게 받아들일 수 있게 함으로써 현실에 잘 적응하도록 도움을 준다. 종교가 있는 노인은 그렇지 않은 노인에 비해 삶의 만족도와 행복도가 더 높았다.

• 가족 내에서의 관계

가족 내에서 구성원 사이에 맺는 친밀한 관계는 일상의 스트레스를 완화하고 행복한 경험을 가져다준다. 배우자와의 친밀한 관계는 즐거움을 증가시키며, 부정적 경험을 완화하고, 자녀를 돌보는 기쁨이 증가하는 등 행복을 경험하는 데 유의한 영향을 미친다.

행복과 불행은
어떻게 결정되는가?

"너는 왜 책이 없냐?"

"입학등록금을 못 내서…… 책이 없습니다."

"돈이 없어 책을 못 샀다는 거냐?"

중학교 1학년 때였다. 초등학교를 졸업하고 중학교에 진학했지만, 집안이 워낙 가난해서 입학등록금을 낼 수 없었다. 입학등록금 안에는 교과서값이 포함되어 있었다. 돈을 내지 않은 나는 교과서를 받지 못한 채 학교에 갔다. 교과서도 없이 앉아 있는 내게 한문 선생님이 왜 책이 없냐며 다그쳤다. 선생님은 나를 앞으로 불러내 막대기가 부러질 때까지 때렸다.

"그게 변명이냐? 돈이 없어 교과서를 사지 못한 게 자랑이야?"

난데없이 엉덩이를 실컷 두들겨 맞았고 자리로 돌아와 털썩 주저앉았다.

"돈이 없는 걸 자랑으로 생각해서는 안 된다. 더군다나 돈이 없어서 책을 못 샀다는 것을 자랑으로 생각해서는 안 된다. 친구 책을 빌려다가 내일까지 다 베껴 써 오도록 해라."

나는 옆 친구에게 책을 빌려 밤새 공책에 교과서 한 권을 전부 베껴 썼다. 다행히 한문 교과서는 그다지 두껍지 않았다. 이튿날 필사한 한문 교과서를 가지고 학교에 갔다. 한문 선생님이 베껴 쓴 책을 확인하고는 잘했다고 했다. 필사 교과서 덕분에 한문 수업 시간은 별 탈 없이 넘길 수 있었다.

하지만 다른 수업은 교과서가 없어 친구들의 도움을 받아 책을 봐야 했다. 국어, 영어, 수학 등 다른 과목 교과서는 워낙 두꺼워서 베껴 쓸 수가 없었다.

어렵사리 학업을 이어갔으나, 결국 1학년을 마치고 2학년 때 학교를 그만둬야 했다. 중학교 2학년 중퇴자가 된 것이다. 도저히 학교에 계속 갈 수 없을 만큼 우리 집은 가난했다.

그때 내 마음이 어땠을까? 6·25전쟁 직후라 너나없이 힘든 시절이었지만, 돈이 없어 입학등록금을 내지 못해 교과서 없이 학교에 갔다가 막대기가 부러지도록 매를 맞고 밤새 교과서를 베껴 쓰던 10대 초반 소년의 심정이 한없이 비참하고 처절했을까?

아버지가 돌아가신 뒤 어머니 혼자 9남매를 건사해야 했던 참담한 현실이 막막하기만 했을까? 무지막지하게 매를 든 한문 선생님이 밉고 원망스러웠을까? 지긋지긋한 가난이 한스러웠을까? 친구들은 학교에 가는데, 물끄러미 바라만 봐야 했던 내 신세가 불행하기 짝이 없다고 생각했을까?

전혀 그렇지 않았다. 나는 내가 불행하다고 생각하지 않았다. 누구를 원망하지도 않았다. 눈물 흘리며 신세를 한탄하거나 침울해하지도 않았다. 그럴 겨를도 없었다. 내게 주어진 현실을 그저 담담하게 받아들였다. 아버지가 일찍 돌아가시고 어머니 홀로 힘겹게 아홉 남매를 돌봐야 했던 건 선택한 현실이 아니라 주어진 현실이었다. 그냥 받아들이면 그만이었다.

세월이 흘러 사업가로 승승장구할 때였다. 30대에 적은 돈으로 창업해서 40대에 대기업 반열에 들고 50대에 재계 순위 25위의 그룹을 이루었으니 신호는 가는 곳마다 주목의 대상일 수밖에 없었다. 시기와 모함도 적지 않게 받았지만, 과도할 만큼 칭찬과 갈채도 받았다.

"식사하지 않아도 회사 생각만 하면 배가 부르시겠습니다."

"하루하루가 즐겁고 보람 있고 행복하시죠?"

사람들은 나를 만나면 농담 반 진담 반으로 이런 말들을 많이 했다. 그러나 이는 나를 잘 모르는 사람들이 하는 말이었다. 신호그룹이 최정상에 있을 때도, 이만하면 됐다거나 이만큼 해서 뿌듯하다거나 대단한 성공을 이루었다고 생각해 본 적이 한 번도 없다.

회사의 성장 속도를 보며 즐겁고 행복하다고 느껴 본 일도 없다. 그런 한가한 감상에 젖을 겨를이 없었다.

20대에 신입사원으로 직장생활을 처음 시작할 때나 50대에 그룹 회장으로 경영의 최일선에 서 있을 때나 변함없이 언제나 주어진 일에 묵묵히 매진할 뿐이었다.

팔십이 넘어서야 찾아낸
진짜 행복의 의미

'행복은 어디에서 오는가?'

이렇게 묻는 사람들이 있다. 행복이란 게 그 어딘가에 실체로 존재하며, 그것을 소유하거나 쟁취하기만 하면 행복이 저절로 주어지는 거라고 여기는 것이다.

만약에 행복이 소유와 쟁취를 통해 얻어지는 것이라면 결핍과 상실은 곧 불행이 된다. 이런 인식을 가진 까닭에 자신들이 행복의 실체적 대상이라고 여기는 것을 소유하고 쟁취한 사람들은 당연히 행복할 거라고 믿고, 그것을 소유하지도 쟁취하지도 못한 사람들은 당연히 불행하리라 생각한다.

하지만 그렇지 않다. 행복은 어딘가에 실체로 존재하는 게 아니다. 대기업 회장 시절 남들은 내 겉모습을 보고 굉장히 행복할 거라며 부러워했다. 내가 돈과 명예를 충분히 소유하고 있다고 여긴 탓이다.

그런데 나는 행복에 겨워하지도, 혹시 행복을 잃을까 불안하지도 않았다. 하루하루 무심한 듯 살았다. 불행도 마찬가지다.

중학교 1학년 때 돈이 없어 학교에 교과서를 가지고 가지 못해 선생님께 모진 매를 맞았어도 불행하지 않았다. 중학교를 1년밖에 다니지 못하고 자퇴할 수밖에 없을 만큼 가난했으나 그로 인해 불행하지 않았다.

객관적으로 들여다보면 인간의 행복과 삶의 질에 영향을 미치는 요인은 대단히 많다. 이를 과학적으로 계량화해서 행복 지수를 점수로 매기고 순위를 정할 수 있다. 학문적 연구와 정책적 판단을 위해 하는 일이다.

그러나 주관적으로 그리고 개인적으로 들어가면 행복과 불행을 대하는 태도는 천차만별이다. 점수를 매기고 순위를 정하기 어렵다.

궁극의 행복은 인생을 마무리하는 순간에 주어진다. 일상의 행복은 매일 숨을 쉬고 살며 매 순간 열심히 땀 흘리고 정성을 다하는 인생의 과정 그 자체다. 행복은 소유하고 쟁취하는 게 아니다. 그러므로 나는 행복한가 아니면 불행한가 묻고 따지는 건 어리석은 일이다.

"나는 매일 아침 따뜻한 커피 한 잔 마실 때가 제일 행복해."

"나는 퇴근하고 식탁에서 당신과 마주 앉아 저녁 먹을 때가 가장 행복해."

매우 근사하고 로맨틱해 보이는 말이다. 그러나 지금 내가 행복하다고 생각하는 것, 과거 어느 때가 행복했다고 생각하는 것 자체가 그 시간을 뺀 나머지 삶을 불행하거나 무의미한 것으로 만들어버릴 수도 있다. 자꾸 특별하고 짜릿하고 엄청난 무언가를 행복이라고 생각하면 안 된다. 그것은 덤덤한 하루하루의 진정한 행복을 포기하는 것과 매한가지다. 지나치게 행복을 추구하고, 지나치게 불행을 두려워하며, 행복과 불행을 반복적으로 입에 올리는 것은 그것에 매몰되는 것이다. 행복은 어디에 있는 것도, 내가 찾아서 느끼는 것도 아니다.

집에 작은 연못이 하나 있다. 때가 되면 연꽃이 수줍은 듯 피어

난다. '염화미소拈華微笑'라는 말이 있다. '꽃을 집어 들고 웃음을 띠다'라는 뜻이다. 말로 하지 않고 마음에서 마음으로 전하는 일을 이르는 불교 용어다. '이심전심以心傳心'이라는 말과도 통한다. 행복은 그런 것이다. 행복은 말로 표현할 수 있는 게 아니다.

"아, 저게 연꽃이다."

말하는 순간 꽃의 의미가 없어진다.

"아, 내가 행복하다."

이렇게 말하는 사람은 행복하지 않은 것과 같다. 행복이란 내가 느끼지 못하는 순간을 그냥 살아가는 것이기 때문이다. "오늘 내가 행복하다", "오늘 내가 불행하다", 그렇게 말하는 순간 행복과 불행은 의미가 없어진다.

무엇이 행복일까 고민하며 찾아 헤맬 필요가 없다. 행복에 집착할 때는 이미 행복한 사람이 아니기 때문이다. 자꾸 행복에 집착해서 그것을 소유하고 쟁취하려 하면 사는 게 힘들고 고단해진다. 어떤 환경이든 열심히 덤덤하게 사는 게 바로 행복이다.

"이것이 행복이다", "이 길로 가야만 행복하다" 이렇게 행복을 정의하려고 할 필요도 없다. 인생 자체가 행복이고, 태어난 것 자체가 행복이기 때문이다. 행복은 상대가 있는 개념이 아니다. 행복을 자꾸 상대화하면 항상 나보다 더 행복한 사람이 보인다.

내가 세상에서 가장 행복한 사람이 아니라면 늘 비교하고 상대화해서 행복을 바라봐야만 하는 고행의 악순환에 빠질 뿐이다.

자연인의 행복과
노숙자의 행복

첩첩산중에 들어가 홀로 살아가는 사람을 찾아가 밥도 먹고 이야기도 나누는 텔레비전 프로그램이 있다. 인기 장수 프로그램이라고 한다. 누가 그런 걸 보나 했더니 은퇴를 앞둔 중년 남성들이 많이 본다는 것이다. 호기심에 몇 번 찾아서 본 적이 있다. 그렇게 사는 사람을 자연인이라고 불렀다.

건강이 좋지 않아 요양차 산속에 들어온 사람, 사업에 실패한 뒤 모든 걸 버리고 세상을 떠나온 사람, 아내와 이혼하고 사람들을 피해 숨어 살려고 온 사람, 멀쩡한 가정이 있음에도 자유롭게 사는 게 좋아서 도망친 사람 등 사연도 제각각이었다.

"이렇게 공기 좋은 곳에서 자유롭게 사시니까 행복하세요?"

"홀가분하고 자유롭고 스트레스도 없고…… 정말 좋습니다."

처음에는 대부분 이런 식으로 순조롭게 대화가 진행되었다. 그러다가 진행자가 하룻밤 머물며 많은 이야기를 나누다 헤어질 무렵이면 자연인의 속내가 조금씩 드러나기 시작했다.

"사실 아이들이 많이 보고 싶어요. 밤이면 더 생각나고 외롭죠."

수많은 인파가 오가는 서울역 주변에는 노숙하는 사람이 많다. 따뜻한 날씨에는 밖에 나와 낮잠도 자고 구걸도 하지만, 비나 눈이 오는 궂은날에는 지하 역사나 보행로에 진을 친다. 추운 겨울에는 매서운 칼바람을 피할 수 있는 명당을 차지하기 위해 분주하다. 지자체나 사회단체와 종교 기관 등에서 이들을 위해 무료 급식을 제공하고 원할 경우, 편히 잠을 자고 씻을 수 있는 시설을 제공하지만, 그런 곳보다는 서울역 주변을 선호하는 노숙자들이 많은 듯하다.

기본적인 생활이 가능한 까닭에 굳이 먹고살기 위해 구걸할 필요가 없다. 이들에게 돈이 필요한 것은 술을 사서 마시거나 담배를 사서 피우기 위해서가 대부분이다.

"나는 이렇게 사는 게 정말 행복해요. 내 삶에 만족합니다."

"사람들은 나를 보고 불행하다고 하겠지만, 나는 내 행복 지수가 백 점이라고 생각해요."

만약 노숙자 가운데 한 사람이 이렇게 말한다면, 그 말을 곧이곧대로 믿을 수 있을까?

인간은 사회적 동물이다. 더불어 살아가는 존재다. 생로병사의 모든 과정은 부모, 형제, 배우자, 자녀 등 가족과 친지, 동료, 이웃과 함께 건너야 할 강이고 넘어야 할 산이다. 결코, 나 혼자서는 건널 수 없을 만큼 깊고 넘을 수 없을 만큼 높은 게 인생이다.

그런데 자연인은 이런 인간관계를 모두 끊거나 외면한 채 혼자서 산에 들어가 살면서 "나는 자유롭다", "나는 건강하다", "나는 행복하다"라고 말한다.

심하게 이야기하자면 자기 합리화를 위해 우기는 것처럼 보인다. 그들의 가족이 이 말에 수긍할까? 자연인이 행복한 것처럼 가족들도 행복할까? 내 행복을 위해 누군가 고통을 겪고 희생해야 한다면 그것이 과연 옳은가?

'부럽다. 나도 저렇게 살고 싶다. 몇 달 만이라도 저렇게 한번

살아봤으면…….'

그런데 중년 남성 중 상당수가 방송을 보면서 이렇게 생각한다. 일시적으로 자유를 그리워하는 마음일 것이다. 하지만, 나는 전제가 잘못되었다고 생각한다. 행복은 어디 들어가서, 외딴곳으로 도피해서, 혼자 몰래 누리는 게 아니다. 내가 사랑하는 사람들, 내 주위의 사람들과 함께 누리는 것이다. 나와 더불어 눈물, 한숨, 슬픔을 나누었던 사람들이 나와 더불어 웃음, 기쁨, 즐거움도 나눌 수 있다.

"진짜 행복한 건 아닙니다. 어쩔 수 없이 여기 와서 행복해지려고 노력하는 중입니다."

이것이 솔직한 심정이라고 할 수 있다. 아이들이 보고 싶고, 배우자 얼굴이 떠오르고, 수시로 외로움이 엄습한다면 행복하지 않은 것이다. 뭘 보고 싶고, 뭘 하고 싶다고 말하는 순간, 지금 여기보다 그때 거기가 더 생각나는 순간, 그는 이미 행복과 떨어져 있는 것이다.

서울역 앞에서 생활하는 노숙자도 마찬가지다. 자신이 아무리 나는 행복하다고 외쳐도, 자신의 행복 지수가 백 점이라고 소리쳐도, 누가 그것을 수긍하고 인정해 줄 것인가?

언제 빨았는지 모를 정도로 더럽고 악취가 풍기는 옷을 입고, 언제 감았는지 모르게 떡이 져서 개기름이 줄줄 흐르는 헝클어진 머리를 하고, 제때 씻지 않아 시커멓고 꾀죄죄한 얼굴에 초점조차 희미한 눈매를 한 사람을 보고 그가 행복할 거라고 믿는 사람은 거의 없을 것이다.

무엇보다 누구를 보는 건지 어디를 향하고 있는 건지 알 수 없는 눈망울에 가득한 고독함과 외로움을 직시하면 그 앞에서 행복과 불행을 논하는 게 아무 의미가 없음을 깨닫게 된다.

85년간 행복한 인생을
연구한 결과는?

1938년부터 현재까지 무려 85년 동안이나 행복한 인생에 관해 연구하는 학자들이 있다. 미국 하버드대학교의 성인 발달 연구팀이다. 하버드대 의대 연구팀은 행복한 인생의 비결을 과학적으로 추적해 보고자 2학년 학생 268명을 모집해 연구를 시작했다.

대조군으로 이들과 전혀 다른 환경에서 성장한 저소득층 청소년 456명을 추가해 총 724명의 남성이 살아가는 모습을 자세히 추적 관찰했다.

연구팀은 이들을 대상으로 2년마다 설문조사를 하고, 5년 단위로 신체 건강을 측정했다. 그리고 5년에서 10년 간격으로 개별 심층 면접도 했다.

"하버드대학교 학생들과 빈민가 청년들,
이중 누가 더 행복하고 건강한 삶을 살게 될까?"

연구팀이 던진 질문은 이것이었다. 세계 최고의 대학인 하버드대학교를 졸업한 엘리트들과 대학 문턱에도 가기 어려운 형편에서 자라난 불우한 청소년들의 인생이 어떻게 변해갈까? 삶을 관통하는 일관된 행복의 비결 혹은 공식 같은 게 과연 존재할까? 누구나 궁금해할 만한 질문에 대한 답을 찾아가는 이 방대한 연구에서 그들은 원하던 답을 얻어냈을까?

세월이 흐르면서 청년들은 전쟁을 겪었고 결혼해서 자녀를 낳았으며 이혼도 했다. 사업가, 교수, 벽돌공, 공장 인부 심지어 대통령까지 여러 직업을 가졌고 성공도 했으며 실패도 했다. 그러는 사이 중년을 거쳐 노년에 이르렀다. 여러 이유로 세상을 떠난 사람도 많았다.

무려 35년 동안 총책임자를 맡아 이 연구를 진행한 하버드대학교 의과대학 조지 베일런트 교수가 연구 결과를 집대성해 쓴 책이 『행복의 조건(원제: Aging Well)』이다. 2010년에 우리나라에서도 출간되어 큰 화제를 불러일으킨 이 책에서 그는 이렇게 결론을 내린다.

**"삶에서 가장 중요한 것은 인간관계이며,
행복은 결국 사랑입니다."**

수십 년 동안 사람들을 관찰해서 얻어낸 결론이 행복은 돈이나 명예나 권력에서 오는 게 아니라 인간관계에서 오며 그 핵심 요소는 사랑이라고 밝혀낸 것이다.

연구 보고서는 끊임없이 배우고 유머를 즐기며 친구를 사귄다면 그리고 담배를 끊고 술을 줄이며 일찍 귀가해 가족들 얼굴을 한 번 더 본다면, 그 사람은 끊임없이 성장하며 행복할 수 있음을 보여준다.

**"인생에 있어 단 한 가지 중요한 것은
'사람들과 따뜻하게 의지할 수 있는 관계'입니다."**

성인 발달 연구의 네 번째 책임자로 2002년부터 21년째 연구를 이끌어가는 하버드대학교 의과대학 로버트 월딩어 교수 역시 이렇게 말했다. 그 또한 연구 내용을 한데 모은 책 『멋진 인생(원제: The Good Life)』을 펴냈다.

그에 따르면 '사람들과 따뜻하게 의지할 수 있는 관계'는 행복뿐 아니라 신체적 건강에도 좋은 영향을 끼친다. 50대일 때 인간관계에서 가장 만족도가 높았던 사람들이 80대가 되었을 때 가장 건강한 사람들이었다는 것이다.

"외로움과 고립감은 술과 담배만큼이나 건강에 해롭습니다. 원치 않는 고립에 빠진 이들은 중년에 신체 건강이 급격히 저하되고 뇌 기능도 떨어지는 경향을 보였습니다. 믿고 의지할 수 있는 사람이 있을 때 좀 더 건강하고 만족도 높은 삶을 산다는 걸 발견했습니다."

하버드대학교를 나왔다고 해서 저소득 가정 출신보다 훨씬 행복한 삶을 사는 것이 아니라는 걸 알 수 있다. 사회적 관계가 좋은 사람은 심리적으로 안정되어 있고 신체도 건강하다. 건강한 사람은 심리적으로 안정되어 있기에 사회적 관계도 좋다. 서로 연결된 것이다. 성실하게 최선을 다해 살면 다 좋아지는 법이다.

호불호가 분명하고 자기만 아는 극히 이기적인 사람은 인간관계가 단절된다. 아무리 강변해도 자연인과 노숙자가 행복할 수 없는 이유다.

행복한 삶에
필요한 조건들

해가 바뀌면 새해 풍경을 담은 사진들이 주요 언론과 인터넷에 소개된다. 해맞이 명소에서 신년 첫 태양이 솟아오르는 광경을 보며 소원을 비는 사람들, 해가 바뀌었음에도 병원이나 요양원 등에서 밤새 환자와 노인을 돌보는 의료진, 눈 쌓인 철조망 사이로 순찰하며 철통같이 경계를 서는 전방부대 병사들의 모습 등이 그동안 봐왔던 낯익은 새해 풍경들이다.

그런데 최근에는 아주 이색적인 사진들이 눈길을 끌었다. 쌀쌀한 날씨에도 불구하고 길거리에 기다랗게 줄을 선 사람들 모습이 소개된 것이다. 몇백 미터에 달하는 줄도 있었다.

도대체 뭘 하려고 모인 사람들일까?

알고 보니 로또를 사려는 사람들이었다. 새해를 맞아 모든 희망과 바람을 로또 한 장에 담아보려는 사람들이 한겨울 추위도 잊은 채 긴 행렬을 잇게 만든 것이다. 전국 어디나 마찬가지였다.

로또 당첨자가 많이 나온 이른바 '로또 명당'에는 교통경찰까지 출동해 질서 정리를 해야 할 정도로 인파가 몰렸다. 텔레비전에도 이 같은 이색적인 풍경이 소개되었다. 뉴스 시간에 등장한 한 젊은이는 기자를 향해 이렇게 말했다.

"이번 생에서 내 집을 살 수 있는 유일한 길은 로또에 1등으로 당첨되는 것뿐입니다."

불황이 깊어진 지 오래인 데다 코로나 사태까지 지속되면서 열심히 일해서 한 푼 두 푼 모아 내 집을 마련하거나 알뜰히 생활하면서 아들딸 낳고 행복한 가정을 꾸려간다는 건 그야말로 꿈 같은 일이 되어 버렸다는 생각에 너도나도 일확천금의 단꿈을 꾸게 된 것이다.

실제로 2013년까지 2조 원대에 머물렀던 로또 판매액은 줄곧 증가세를 보이다가 2020년에는 사상 처음으로 5조 원을 돌파했다. 코로나 팬데믹으로 경마, 경륜, 경정 같은 사행 관련 사업들이 제한되면서 상대적으로 제약이 없는 로또에 많은 수요가 몰리고 있다.

기획재정부 복권위원회는 2022년 복권 판매액이 6조 4,292억 원으로 사상 최대치를 기록했으며, 이중 로또복권은 5조 4,468억 원, 즉석 복권은 5,679억 원, 연금복권은 2,939억 원, 전자복권은 1,216억 원어치가 판매되었다고 발표했다. 19세 이상 성인 중 복권 구매 경험자는 56.5%로 성인 인구 4,300만 명에 대입하면 약 2,400만 명이 복권을 구매한 것으로 추산됐다.

"행복한 삶을 위해 꼭 필요한 조건은 무엇일까?"

이런 질문을 던지면 많은 사람이 돈이라고 대답한다. 말은 그렇게 하지 않더라도 마음속으로는 상당수 사람이 돈을 떠올릴 것이다.

새해 소망을 로또에 거는 사람들, 이번 생에 내 집을 마련할 수 있는 유일한 길은 로또 1등 당첨뿐이라고 믿는 사람들에게 돈은 행복으로 가는 지름길처럼 보일 수도 있다.

주변에서 돈만 있으면 못할 게 없다고 생각하는 사람이나 다른 게 조금 불만이라도 돈이 많다면 행복할 수 있을 거라고 믿는 사람을 어렵지 않게 만날 수 있다. 자본주의 사회에서 돈은 곧 권력이자 명예이며 나아가 행복이라고 여겨진다.

정말 돈만 있으면 행복할까?

행복의 조건 중 제1순위는 돈일까?

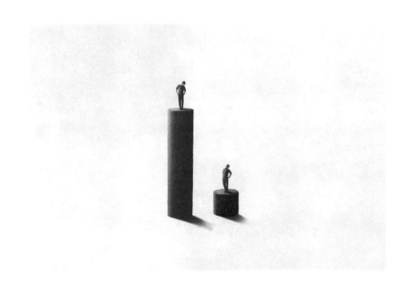

97세 노교수의
행복 연구

미국 서던캘리포니아대학교 경제학과 명예교수인 리처드 이스털린은 경제학의 눈으로 행복을 바라보는 독특한 학자다.

올해 97세인 그는 30년간 소득과 행복을 연구한 책 『지적 행복론(원제: An Economist's Lessons on Happiness)』에서 돈과 행복의 함수관계에 대해 명쾌한 해답을 제시한다. 행복 경제학의 창시자로 불리는 그가 던지는 질문은 단순하다.

"얼마나 부자가 되어야 행복할까?"

"돈이 과연 행복의 가장 중요한 조건일까?"

그는 보통 사람과 똑같이 어렸을 때 부자가 되기를 꿈꿨다고 한다. 그렇지만 "부자가 되면 정말 행복해질까?"라는 질문 앞에 직면했다. 그래서 연구를 시작했다. 오랫동안 '삶의 만족도'를 묻는 설문조사를 통해 체계적인 자료를 만들었다. 한 국가의 과거와 현재를 비교하는 '시계열 데이터'와 동시대의 국가들을 비교하는 '횡단면 데이터'를 수집해서 분석한 것이다.

그 결과를 집약한 것이 '행복의 가성비'다. 다른 말로 '이스털린의 역설'이라고도 한다.

"일정 소득을 넘어 기본 욕구가 충족되면 소득이 증가해도 더 행복해지지 않는다."

소득과 행복은 비례하지 않는다는 것이다.

예를 들어, 월급을 200만 원 받던 사람이 300만 원을 받게 되면 단기적으로는 행복 지수가 확 올라가지만, 조금 지나면 그 상황에 익숙해져서 무덤덤해진다. 그러다가 500만 원으로 월급이 올라가면 행복감에 사로잡힌다. 하지만 얼마 후 그 상황에 적응해 버린다. 이런 식으로 계속 가다가 월급이 1,000만 원을 넘어서면 그다음부터 월급이 올라도 별다른 감흥이 생기지를 않는다.

어느 정도 경제적 여건이 충족되었기 때문에 돈이 행복의 조건에서 한참 뒤로 밀리거나 아예 빠져버렸기 때문이다.

미국은 70년 동안 실질 소득이 세 배나 증가했지만, 행복 수준은 그때나 지금이나 변동이 없거나 오히려 하락하는 추세다.

우리나라도 보릿고개가 있던 1950~1960년대와 비교하면 실로 엄청난 경제 성장을 이루었지만, 행복 지수는 더 올라가지 않는 데 반해 자살률과 이혼율은 갈수록 증가하고 우울증과 고독감 등에 시달리는 사람들은 늘어만 가는 형편이다.

"모두의 소득이 증가하면 더 풍족해지지만, 평균적으로 아무도 더 행복해지지 않는다."

이 같은 모순에 직면하게 된다는 말이다. 소득이 늘어나는데도 더 행복해지지 않는 이유는 무엇일까? 그것은 '사회적 비교' 때문이다. 내가 얼마나 돈을 더 버느냐에 관심을 가지고 살다가 일정한 단계에 이르면 내가 남보다 얼마나 더 많이 버느냐가 중요해진다는 것이다.

이스털린 교수는 재미있는 실험을 했다. 제자들을 대상으로 연봉 선택 실험을 한 것이다.

졸업 후 취직해서 받게 될 연봉을 기준으로, A는 자신은 10만 달러를 벌지만, 동기들은 20만 달러를 버는 경우와 B는 자신은 5만 달러를 벌지만, 동기들은 2만 5천 달러를 버는 경우, 둘 중 어느 쪽을 선택할지 고르게 했다. 돈을 고려한다면 당연히 A를 선택하는 게 맞았다.

그러나 학생 중 3분의 2가 B를 선택했다. 절대 금액은 적더라도 내 연봉이 친구들이 받는 연봉의 두 배가 되는 상황이 더 좋다고 생각한 것이다. 절대 금액은 많지만, 친구들이 내 연봉의 두 배를 받는다면 상대적 박탈감으로 전혀 행복하지 않다고 생각하는 것이다.

내가 가진 것을 보며 만족하는 게 아니라 남이 가진 것을 보고 불만을 품는 비교의 악순환에서 벗어나려면 어떻게 해야 할까?

이스털린 교수는 가지고 싶은 것이 적을수록 행복의 수준은 높아진다고 말한다. 나이를 먹을수록 점점 덜 가지려고 노력해야 한다는 것이다. 일정 수준의 경제적 토대가 갖추어졌다면, 돈을 더 버는 데 시간을 쓰기보다는 건강이나 가정생활에 시간을 쓰는 것이 행복한 삶을 사는 비결이라고 조언한다.

그가 강조하는 진정한 '행복의 가성비'는 돈 버는 데 집중하지 말고 내가 사랑하는 사람에게 더 집중하는 것이다.

성공도 마찬가지다. 내가 회사를 하나 창업해 크게 성장하는 걸 보고 행복했는데, 살펴보니 동종업계에 난공불락 같은 우량 기업이 있었다. 그러면 성공이 아니라 실패인가? 자신이 사업가로서 불행한 건가? 그렇지 않다. 얼마가 됐든 최선을 다해 성취한 게 있다면 그 자체가 성공이다. 성공과 실패는 다른 것과의 비교에서 판가름 나는 게 아니다.

하나하나 쌓아가는 과정, 밤잠 안 자고 노력하며 이루어가는 과정이 행복이고 성공이다. 그런 의미에서 행복과 불행, 성공과 실패는 다 같은 개념이다. 인생에 실패는 있어도 좌절은 없어야 한다.

인생의 목표를 성공이나 행복에 둔 채 끝없이 성공의 조건과 행복의 조건을 찾아 헤매며, 이를 손에 넣기 위해 각축을 벌이는 게 의미 있는 인생이라고 생각하지 않는다. 정말 멋진 인생, 의미 있는 인생은 제대로 된 자신의 정체성을 발견하고 이를 가치 있게 구현하기 위해 뚜벅뚜벅 걸어가는 것이다.

"얼마나 부자가 되어야 행복할까?"
"돈이 과연 행복의 가장 중요한 조건일까?"

5장

돈 재벌보다
건강 재벌이 좋은 이유

나만의 꽃 한 송이를 피워내다

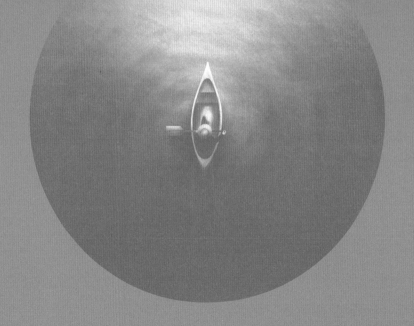

도장이 비싸고 멋있으면
회사가 더 잘되나요?

첫 직장인 한국제지에서 일할 때였다. 안양역 근처 자재 창고에서 종일 먼지를 뒤집어쓴 채 일하던 시절이다.

하루는 퇴근 후 대학 동창회가 있었다. 졸업하고 처음 만나는 자리였다. 일을 마치고 깨끗한 옷으로 갈아입고 가면 좋았겠으나 시간도 없는 데다 친구들 만나는데 굳이 그럴 필요까지 있나 싶어 작업복 차림 그대로 동창회에 참석했다.

당시 공장에서 일하는 사람들이 입던 작업복은 광목, 즉 목화에서 실을 뽑아 베를 짠 뒤 삶는 작업을 반복한 엷은 누런색 원단에 검은색 물을 들인 거친 옷이었다. 오래간만에 만난 친구끼리 반가운 인사를 나누고 서로 안부를 물었다. 밥도 먹고 술도 한 잔

곁들이는 즐거운 시간이었다.

그런데 다들 나를 힐끗거리며 곁눈질로 쳐다봤다. 그도 그럴 것이 그날 모인 사람들이 하나같이 말끔한 양복을 입고 흰 와이셔츠에 넥타이를 맨 차림이었기 때문이다. 그즈음 좋은 직장으로 꼽히던 은행이나 대기업에 들어간 친구들이 대부분이었다. 작업복을 입은 꾀죄죄한 차림새는 나 하나뿐이었다. 그러니 백로들 속에 까마귀 한 마리 끼어 있는 것처럼 눈에 띨 수밖에 없었다.

그렇지만 나는 주눅 들지 않았다. 쭈뼛거릴 이유도 없었다. 겉모습이 중요한 게 아니라 내면의 성숙과 실력이 중요하다고 믿었던 까닭이다. 그때의 나는 작업복을 입은 노동자에만 머문 게 아니라 무한한 가능성을 지닌 당당하고 부지런한 젊은이였다.

나는 화려한 것보다는 소박한 것을 좋아한다. 실속 없는 허례허식은 질색이다. 허세를 부리기 위해 과용하고 낭비하는 것은 내실 없는 사람들이 하는 짓이라고 생각한다. 어렸을 때 가난하게 산 탓도 있겠지만, 성격이나 기질적으로도 실용적이고 기능적인 것을 선호한다.

1977년 온양펄프를 설립해 법적 절차에 따라 등기할 때 서류를 꾸미기 위해 법인 인감도장을 만들어야 했다. 난생처음 사장이 되는 순간이었다. 모든 게 미비하고 정신없을 때이기는 했지만, 그래도 기념으로 좀 근사한 도장을 만들 수도 있었다. 등기서류에 찍어야 할 도장이기도 했으나 어쩌면 평생 간직할 수도 있는 중요한 상징이기도 했다.

하지만 나는 가장 값싼 막도장을 만들어 등기서류를 준비했다. 도장이라는 게 인식과 증명의 기능만 있으면 되는 것이지 꼭 비싸고 화려해야 할 필요는 없다고 생각한 것이었다.

그 막도장은 이후 수십 년 동안 회사와 나를 보증하는 표식이 되었다. 워낙 오래 써서 반질반질할 정도였다.

"회장님, 남들 눈도 있는데…… 이제 그 도장 그만 쓰시고 새로 만드는 게 어떨까요?"

"도장이 비싸고 멋있으면 회사가 더 잘되나요? 아직 멀쩡한데 이걸 왜 바꿉니까?"

직원들이 점점 많아지면서 경영진과 젊은 직원들 사이에 격의 없는 소통이 필요하다고 느꼈다. 그래서 내가 생각해낸 것이 '알몸 미팅'이었다. 새로 입사한 남자 직원들과 내가 매주 한 차례 회사 근처에서 만나 대중목욕탕에서 목욕하고 나서 개운한 기분으로 아침밥을 먹으며 이런저런 이야기를 나누는 것이다. 회장과 사원으로서가 아니라 인간 대 인간으로, 남자 대 남자로 등도 밀어주고 탕에 몸도 담그면서 마음의 거리를 좁힐 수 있었다.

업무 이야기를 한다거나 훈계를 하는 건 절대 금기였다. 일상의 재미있는 이야기나 남몰래 간직하고 있는 고충 등을 편안하게 털어놓는 시간이었다. 한꺼번에 다 할 수는 없고 팀별로 10명 정도씩 모아서 했다. 신입사원들의 깊은 속내를 알 수 있는 매우 유익한 기회였다.

풍채 좋고 잘생긴 임원과 내가 어디를 함께 가면 내 얼굴을 알지 못하는 경우, 대개는 사람들이 내가 회장이라는 걸 알아채지 못했다. 키도 작고 차림새도 수수하다 보니 그렇게 보는 게 당연했다. 회장이 출장을 가거나 행사에 참석한다고 해서 요란하게 알리거나 준비하는 것을 싫어했기 때문이기도 하다.

또한, 우리 회사에서는 결재받기 위해 서류를 들고 회장실 앞에 줄을 서서 기다리는 모습을 보기 어려웠다. 누구든 언제라도 편안하게 와서 설명도 하고 보고도 하고 결재도 받았다.

조용한 것, 은근한 것, 소박한 것, 실용적인 것이 이긴다

신호그룹 사보 이름이 〈홍익〉이었다. 일반적으로 사장이나 회장이 사보에 글을 쓰면 맨 앞 가장 잘 보이는 지면에 싣기 마련이다. 나는 그게 마뜩찮았다. 그래서 정반대로 했다. 내 글은 사보 맨 뒤쪽에 싣도록 하고 맨 앞쪽에는 직급이 가장 낮은 직원의 글을 싣도록 했다.

직원들의 사기를 북돋워 주기 위해서였다. 비서가 대신 써주지 않았다. 내가 직접 썼다. 마감 날짜도 어기지 않았다.

그때 썼던 내 고정 칼럼의 제목이 '징검다리'였다. 직원들과 회사, 직장 공동체와 세상을 연결하는 징검다리가 되고 싶었다. 내가 회사의 주인이고 대들보라고 생각하지 않았다. 나도 회사의 일원이며 징검다리 역할을 하는 존재라고 여겼다.

격식과 권위주의를 싫어하는 실용적 스타일을 경영에도 그대로 반영했다. 계열사 임원들을 좀처럼 호출하지 않았다. 바쁜 사람들을 오라 가라 하면 귀중한 시간을 빼앗을 뿐 아니라 회장이 자꾸 개입할 경우, 임원들의 창의성과 자율성이 떨어지기 때문이었다.

어지간한 것은 계열사 임원들이 알아서 판단하고 추진하도록 했다. 나 혼자 30개가 넘는 계열사의 현안을 꿰뚫고 최적의 결정을 내릴 수는 없었다. 임직원들이 신바람 나게 일할 수 있도록 멍석만 깔아주면 되는 것이었다.

울타리를 쳐주고 분위기만 잡아주면 회사는 임직원들에 의해 잘 돌아갔다. 기자들은 이와 같은 내 경영 스타일을 '멍석론'이라고 불렀다.

그런데 전혀 그렇지 않은 기업도 있다. 모든 결정을 한 사람이 하고, 그 사람의 재가가 없으면 사소한 일조차 진행할 수 없는 조직이다. 예전에 일제강점기 때 세워진 유명한 백화점이 있었다. 그 백화점 사장은 회사 서류에 찍는 인감도장을 자기가 가지고 다녔다.

과거에는 한국투자개발공사라는 곳에서 회사채를 발행했다. 내가 직장에서 전무로 일할 때 회사채가 발행되어 서류에 도장을 찍으러 갔다. 그런데 갑자기 엘리베이터가 시끌벅적했다. 비서로 보이는 듯한 사람 몇 명이 그 백화점 사장을 호위하고 나타났다. 유별난 호들갑이었다. 서류에 도장 하나 찍기 위해 백화점 사장이 비서들을 잔뜩 데리고 온 것이다.

회사 임직원 중 한 명이 와서 도장만 찍으면 되는 간단한 일이었다. 그는 다른 사람에게 도장을 맡길 수 없기에 직접 온 것이었다. 본인은 주인이고 임직원은 모두 머슴이라고 생각하는 사람이었다. 그러니 도장을 함부로 맡길 수 없었던 게다. 나로서는 도저히 이해할 수 없는 장면이었다.

신호그룹 회장 시절, 은행에 가면 대리부터 만나고 관공서에 가면 주사부터 만났다. 회식해도 실무자들하고 했다. 그 결과가 다 좋았다. 실무자를 만나서 설명하고 그를 설득시킨 뒤 차곡차곡 윗선으로 일을 진행해 나가는 것이 오래 걸리고 힘들지만, 가장 안전하고 빠른 길이었다.

제일 높은 자리에 있는 사람을 찾아가 단박에 '톱다운' 방식으로 일을 처리하면 빠르고 수월한 듯하지만, 오랫동안 좋은 관계를 유지할 수 없다. 자신이 무시당했다고 여긴 실무자가 시간이 지나 높은 자리에 앉게 되었을 때 그에게 협조를 얻어낼 수 없기 때문이다.

정보는 밑에서 나온다. 실용적인 정보는 실무자들이 다 알고 있다. 낮은 직급의 실무자를 만나 설득과 이해의 과정을 거쳐 일을 진행하면 그 사람이 성장하면서 나도 성장하고 회사도 성장하는 법이다. 일은 순리대로 해야 한다. 길게 보고 포석하는 게 현명하다.

"여기 사장 누구야? 사장 나오라고 해!"

음식점이나 카페 같은 데 가면 이렇게 고함치며 아르바이트생을 윽박지르는 사람이 있다. 인생의 하수 중 하수인 사람이다.

조용한 것, 은근한 것, 소박한 것, 실용적인 것이 시끄러운 것, 요란한 것, 화려한 것, 형식적인 것을 이기는 세상이 살맛 나는 아름다운 세상이다.

넘치는 것보다는
조금 모자란 게 낫다

운동을 시작한 이후 집 밖에서 식사할 일이 있으면 나는 도시락을 싸서 외출한다. 몇몇이 식당에 갈 경우, 다른 사람들은 메뉴에 있는 음식을 시키고 나는 도시락을 꺼내 먹는다.

도시락 안에는 과일, 채소, 삶은 달걀, 김, 현미 잡곡밥 등이 조금씩 들어있다. 식당에서 파는 음식은 대개 짜고 매운 데다 MSG가 들어가 있으며 양도 많다.

식사량이 많지 않을뿐더러 건강을 위해 영양 성분을 조절하기 때문에 되도록 식당 밥을 먹지 않으려고 도시락을 가지고 다니는 것이다. 내가 식탁 위에 도시락을 꺼내 놓으면 밥을 먹던 사람들이 놀라기도 하고 신기한 듯 쳐다보기도 한다.

도시락은 아내가 싸주기도 하지만, 내가 쌀 때도 많다.

몇 년 전 TV조선의 한 건강 프로그램에서 우리 집에 취재를 와서 내가 식사하는 장면을 촬영해 간 뒤 방영한 일이 있다. 나는 항상 정해진 시간에 정해진 양만큼만 식사한다.

그날은 카메라 앞에서 식사하는 게 약간 어색하기는 했지만, 평소 먹던 대로 과일과 채소를 먹고 나서 단백질, 지방, 탄수화물 순으로 음식을 먹었다. 식단에 맞춰 단백질, 지방, 탄수화물을 고루 섭취하면서도 하루 1,700킬로칼로리를 넘지 않도록 조절한다. 숟가락은 되도록 사용하지 않고 포크와 나이프를 이용한다. 익숙한 숟가락을 쓰면 빨리 먹기 쉬운 까닭이다.

"포만감을 느끼기 위해서 과일과 채소를 먼저 먹는 거예요. 과일과 채소를 먹으면 배가 좀 부르잖아요. 그렇게 포만감을 느낀 다음에 몸에 중요한 단백질을 먹는 거죠. 그러고도 여유가 있을 때는 탄수화물인 밥을 먹어요. 이렇게 순서를 거꾸로 가야 한다는 거예요. 그런데 제 경우에는 거의 밥을 못 먹어요. 왜냐하면 그전에 이미 배가 불러 있으니까요."

시청자들에게 내가 왜 이런 순서로 식사하는지를 설명했다. 공복에 탄수화물을 먼저 섭취해 포만감을 느끼면 이미 과잉 섭취 상태가 된 것이다. 그러면 꼭 먹어야 할 다른 음식을 먹기 힘들다. 따라서 과일과 채소로 공복 현상을 해결한 다음 고기류의 단백질을 섭취한 뒤 현미나 잡곡밥 등 탄수화물을 약간만 섭취하면 영양 배분이 충분한 식사가 되는 것이다.

나는 소식小食을 한다. 어릴 적부터 그랬다. 없어서 못 먹기도 했지만, 워낙 적게 먹었다. 먹고살 만하게 된 뒤에도 많이 먹지 않았다. 어머니 살아계실 때는 내가 잘 안 먹는다고 걱정을 많이 하셨다.

그래도 체구가 작은 탓인지 기력이 없어 공부나 일을 하지 못한 적은 한 번도 없었다. 많이 먹는다고 더 공부를 잘하거나 일을 많이 하는 것 같지는 않았다.

너무 많이 먹는 건 좋지 않은 결과를 가져온다. 가난한 시절에는 먹을 게 없어 배 터지게 한번 먹어보는 게 소원이기도 했다. 하지만 지금은 먹을 게 넘쳐난다. 공급 과잉의 시대다. 적게 먹어서 탈이 나는 경우는 거의 없지만, 지나치게 많이 먹으면 심각한 탈이 난다. 비만을 비롯해 각종 성인병이 과식 때문에 생겨난다. 적정 수준으로 먹으면 건강을 잘 유지할 수 있는데도 자꾸 더 먹어서 스스로 건강을 해친다.

식탐은 절제하기 힘든 인간의 욕망 중 하나다. 진수성찬이 눈앞에 있는데 정해진 양만 먹고 일어서는 건 쉽지 않은 일이다. 그러나 끊어야 할 때 끊고 멈춰야 할 때 멈출 줄 알아야 자신의 인생을 주도해 나갈 수 있다.

식사는 허기가 채워지면 끝내야 한다. 배고프지 않을 만큼만 먹는 게 제대로 된 식사다. 그걸 넘어서 배가 부를 정도로 나아가 배가 터지도록 먹는 건 탐욕이고 낭비고 자기학대다.

인생 2막을 가능케 하는 소식 예찬

건강하게 오래 산 사람 중에는 일평생 소식주의를 실천했던 사람들이 많다.

조선의 임금 중에서 가장 장수한 인물은 영조다. 83세까지 살았다. 조선의 역대 임금 평균 수명이 46세였고, 일반 백성의 평균 수명은 35세 전후였다. 이에 비하면 영조는 엄청나게 오래 산 것이다. 지금으로 치면 100세가 훨씬 넘게 산 셈이다. 그는 소식가였다.

임금의 밥상이 얼마나 화려했겠는가? 하지만 영조는 가뭄이 들면 하루 다섯 번 내오던 수라를 세 번으로 줄이도록 했고 반찬 수도 반으로 줄였다. 어떤 날은 간장만으로 밥을 먹기도 했다.

조선 후기 대표적 실학자인 성호 이익도 소식가였다. 그는 성리학뿐 아니라 천문, 지리, 율학, 산학, 의학에까지 능통한 대학자였다. 어려서부터 몸이 허약해 열 살이 될 때까지 글을 배울 수 없을 정도였던 그가 83세까지 장수할 수 있었던 건 의학에 능통했기에 건강관리를 잘했던 요인도 있지만, 가장 큰 비결은 절식과 소식에 있었다. 검소한 생활을 하면서 잡곡밥에 된장, 고추장, 김치, 나물 등으로 이루어진 소박한 식단으로 적게 먹은 것이었다.

명저『목민심서』의 저자로 잘 알려진 조선의 천재 다산 정약용역시 소식주의자였다. 그가 강진에서 초당을 짓고 귀양살이할 때일이다. 어느 해 여름 상추쌈을 먹고 있었다.

"쌈을 싸서 먹는 것과 상추를 절여서 먹는 게 어떤 차이가 있습니까?"

마침 곁에서 이를 지켜보던 손님 한 명이 그에게 물었다.

"이것은 나의 입을 속이는 방법일세."

그는 이렇게 대답했다. 상추를 소금에 절이면 양이 줄어든다. 뻣뻣하던 채소의 숨이 죽기 때문이다. 각종 양념을 하면 맛은 더욱 좋겠지만, 그럴수록 밥을 더 많이 먹게 된다. 하지만 밥을 상추에 푸짐하게 싸서 먹으면 적은 양으로도 많이 먹은 것 같은 효과를 낼 수 있다. 정약용이 고단한 유배 생활을 통해 터득한 적은 양의 음식을 배부르게 먹는 방법이었다.

"음식이란 목숨만 이어 가면 되는 것이다. 제아무리 맛있는 산해진미라도 입안으로 들어가면 이미 더러운 물건이 되어 버린다. 기름진 음식을 먹고 뒷간에서 힘쓸 필요가 없다."

그의 소식주의 철학이었다. 이는 귀양살이의 궁핍함 때문이기도 했지만, 치열한 자기 수양의 결과이기도 했다. 그는 두 아들에게 보낸 서첩 『하피첩』에서 재산 대신 가난을 이기기 위한 두 글자를 물려줬다. 그것은 바로 '부지런할 근勤' 자와 '검소할 검儉' 자였다.

한국인의 정신건강 주치의로 불리는 뇌과학자 겸 정신의학자인 이시형 박사는 구순이 넘은 나이에도 책을 펴내 지금까지 집필한 책만 120권이 넘을 정도로 왕성하게 활동 중이다. 그만의 건강 비결 또한 소식이다.

한 언론사와의 인터뷰에서 그는 이렇게 말한 바 있다.

"저는 적게 먹어요. 밥을 먹어도 한 숟가락에 불과할 정도예요. 아침에는 그것도 안 먹고 나물을 먹습니다. 그리고 아침에는 사과를 섞은 당근 주스를 꼭 마시죠. 당근이 땅에서 나는 모든 영양분을 갖고 있다고 해요. 사람들이 그 덩치에 그 정도 먹고 어떻게 사느냐고 하는데, 습관이 돼서 배고프지 않습니다. 지난 40년간 감기와 몸살을 앓은 적이 없습니다."

신호그룹을 경영할 때 늘 강조했던 건 근검절약이었다. 자린고비처럼 아껴 쓰는 것 자체가 목적이 아니었다. 습관적으로 더 쓰고 더 먹고 더 놀면서 자원과 시간을 허투루 사용하지 말고 한 번 더 생각하고, 한 번 더 절제하고, 한 번 더 인내하며 자신을 냉철히 들여다보자는 것이었다.

이런 태도가 몸에 배어 삶에 스며들면 회사가 잘되는 것뿐 아니라 그 사람의 인생이 잘되리라 믿었다.

스무 살 때 하는 근검절약과 일흔 살 때 하는 근검절약은 차원이 다르다. 젊었을 때 근검절약하면 그 씨앗이 하나둘 뿌리내리면서 삶의 방향이 달라진다. 그런데 나이 들어 근검절약하면 본의 아니게 초라하고 궁색해 보일 수 있다. 젊은 시절에는 허리띠를 졸라매고, 나이 먹어서는 손을 펴면서 여유 있게 살아야 한다.

한 살이라도 젊었을 때 근검절약하는 게 좋다. 근검절약은 자신의 인생을 낭비하지 않는 진지한 삶의 자세이며, 과잉소비로 인해 자연이 파괴되고 지구가 훼손되는 걸 막는 유용한 생활철학이다.

사람들은 남들보다 더 많이 소유하고 더 많이 먹고 더 많이 소비하는 걸 미덕으로 여긴다. 자본주의 사회는 구조적으로 그걸 부추긴다. 그러나 조금 덜 소유하고 조금 덜 먹고 조금 덜 소비하는 게 삶을 더 풍성하게 만든다. 차고 넘치는 것이 풍성한 게 아니다. 약간 모자란 게 풍성한 것이다. 인생을 지혜롭게 사는 사람은 안분지족安分知足 하는 사람이다.

내 인생의 정체성은
무엇인가?

서울여자대학교 경영학과 한동철 교수는 우리나라에 최초로 '부자학'이라는 학문을 도입한 국내 최고 권위의 부자학 전문가다. 그는 『부자도 모르는 부자학 개론』이라는 책에서 물질적 재산, 즉 돈을 어떻게 대하는가에 따라 세 가지 유형의 부자가 있다고 설명한다.

첫 번째는 금전 추구형 부자다.

돈과 자신을 거의 일치시키는 사람이다. 돈이 자신의 필요조건이자 충분조건인 셈이다. 이런 부자는 오직 돈을 버는 것에 목적이 있고, 자신의 모든 생활을 돈 버는 것에만 맞춘다. 이들의 금전

지상주의 사고방식은 절대 바뀌지 않는다.

두 번째는 자아 만족형 부자다.

돈이 중요하기는 하지만, 돈이 목적이 아니라 자신의 만족을 추구하는 데 필요한 도구라고 여긴다. 자신의 자존심과 우월감혹은 사회봉사 등을 위해 돈이 필요할 뿐이다. 돈이 주는 개인의욕구 충족과 사회적 영향력을 즐기는 부자다.

세 번째는 가치지향형 부자다.

자신과 사회에 필요한 새로운 가치를 만들어내기 위해 노력하는 사람이다. 사회와 인류를 위해 개발한 가치로 부가 축적되면이를 다른 사람들과 더불어 즐기기 위해 사용한다. 돈의 가치를잘 이해하고 있는 진정한 부자라고 할 수 있다.

돈 자체가 목적인 금전 추구형 부자는 돈 버는 데 일생을 바친다. 돈이 아까워 움켜쥐기만 할 뿐 쓰지도 못한다. 자식에게 재산을 물려주지만, 땀 흘려 돈 벌어 본 경험 없이 부를 상속받은 자식이 이를 제대로 감당하지 못하는 경우가 많다. 부자가 되었고 부자로 살았으나 자신과 가족은 물론 사회에 어떤 가치나 영향력도 끼치지 못한 사람들이다.

자아 만족형 부자는 돈을 모아 쓰기는 쓰지만, 자신의 만족만을 위해 사용한다. 인생을 마음껏 즐기기에 부족함이 없으나 누구도 이들을 존경하지 않는다. 사회를 위해 어떤 가치나 영향력도 발휘하지 못한다는 측면에서는 금전 추구형 부자와 다를 바 없다.

제대로 된 부자는 가치지향형 부자다. 꼭 필요한 부자라고 할 수 있다. 이런 부자가 많아야 사회가 건강하게 발전한다.

부자가 되려는 사람이 많다. 한국 사회처럼 부자를 꿈꾸는 사람이 많은 나라도 찾기 어려울 것이다. 경쟁력 있는 자원이라고는 오직 인적 자원뿐인 나라에서 유례없이 치열한 경쟁을 하며 살아야 하기 때문이다. 사회 안전망과 복지제도가 턱없이 부족한 까닭이기도 하다.

하지만 내가 왜 부자가 되려고 하는지, 부자가 되면 어떻게 살 것인지, 돈에 관한 생각은 어떤지, 부의 축적과 상속에 대한 철학은 무엇인지를 정확히 짚어봐야 한다. 그저 돈이 좋아서 부자가 되고 싶다면 부자가 되어도 금전 추구형 부자가 될 가능성이 크다. 마음껏 쓰고 뽐내며 쾌락을 즐기기 위해 부자가 되고 싶은 거라면 부자가 되더라도 자아 만족형 부자가 될 공산이 높다. 이런 부자들이 가진 돈은 죽은 돈이다. 이웃과 사회와 국가 나아가 인류를 위해 그 어떤 가치나 영향력도 생산해내지 못한 채 쌓여 있거나 탕진되기 때문이다. 스스로 자신의 뗏목을 찾아 열심히 노저어 간 끝에 부를 일구고 그것을 다른 사람들에게 아낌없이 흘려보내는 청지기 같은 부자, 즉 가치지향형 부자가 되기 위해 노력해야 한다.

한동철 교수는 수많은 부자를 직접 만나 이야기를 나눈 결과 이런 결론을 얻었다고 했다.

"진짜 부자는 돈을 위해 일하는 것이 아니라, 자신이 추구하는 업무들(사업, 스포츠, 전문직, 저술 등)을 성실히 한 결과로 돈이 생겼다고 이야기한다. 그들은 자신의 적성에 맞는 일을 성취하고자 하는 마음을 가지고 이를 지속적으로 달성한 결과로 돈이 생긴 것이다. 그들은 돈에 집착하지 않는다. 그들은 돈에 미치지도 않았다. 그들은 돈을 숭배하지도 않는다. 그들은 돈을 멸시하지도 않는다. 그들은 돈을 돈 그대로 본다. 작년보다 올해 1억 원을 더 벌었다는 것은 자신이 작년보다 1억 원만큼 더 값어치 있는 일을 했다는 것이다."

　　다시, 시작하는 인생 수업

나만의 꽃 한 송이를
피워내는 일

직장에 들어가거나 창업을 하는 것은 미완성 상태인 인생을 완성으로 구현해나가기 위함이다. 자신의 정체성을 발견하는 과정이다. 월급이나 수익은 그에 대한 보상이다. 월급이나 수익, 즉 돈 자체만 바라보고 취직하거나 사업을 시작하는 건 아니다.

'직업'을 뜻하는 영어 표현 중에는 'calling'이나 'vocation'이라는 단어가 있다. '소명' 혹은 '천직'이라는 의미다. 직업을 갖는 건 생계를 위한 방편이기도 하지만, 자신의 정체성에 맞는 소명과 천직을 찾는 것이다.

무슨 직업을 갖든 그것이 소명과 천직을 따라가는 길이라면 다른 직업과 단순히 비교할 수 없는 소중한 가치를 갖는다. 월급이나 수익의 차이에 따라 좋은 직업과 나쁜 직업을 구분하는 건 바람직스럽지 않다. 돈을 조금 더 벌고 덜 버는 건 중요한 것이 아니다.

많은 사람이 회사나 일터에 가서 돈을 벌 생각부터 한다. 회사와 일터는 돈을 버는 곳이기 이전에 봉사하는 곳이다. 열심히 봉사하다 보면 돈도 벌고 승진도 하고 성장도 한다.

돈 버는 게 목적이 되다 보니 자신을 믿고 뽑아준 회사에서 횡령을 서슴지 않고 자신이 설립한 기업에서 배임을 일삼는다. 심지어 돈 때문에 자신의 일터에서 기술이나 정보를 빼내 팔아넘기는 짓까지 한다.

취업을 앞둔 젊은이들이 A라는 직장은 연봉을 얼마 주는지, B라는 직장은 연봉을 얼마 주는지부터 따지는 건 잘못이다. 어떤 길을 갈 것인가, 무슨 일을 할 것인가 먼저 정해 놓고 그 과정에서 보상이 좀 더 넉넉한 회사를 선택하는 게 좋다. 좋은 글을 써서 사회에 공헌하고 자기 보람을 찾고 싶은 사람이 돈 많이 주는 부동산 회사에 취직해서 땅 보러 다니는 일을 열심히 하면 어떻게 되겠는가? 기본 방향이 틀어지면 안 된다.

통계청 국가통계포털에 따르면 2023년 2월의 비경제활동인구 중 아무것도 하지 않고 그냥 집에서 쉰다고 응답한 15세부터 29세까지 청년들이 무려 50만 명에 달한다고 한다.

비경제활동인구는 현재 일하고 있는 취업자나 적극적으로 구직 활동을 하면서 즉시 취업이 가능한 상태인 미취업자를 제외한 인구다. 육아, 가사, 재학, 수강, 심신장애 등은 포함하지 않은 것이다. 충분히 일할 수 있는데 일하지 않으면서 취직이나 창업을 위해 어떤 노력도 하지 않는 젊은이들이다. 이 같은 통계를 작성하기 시작한 이래 가장 큰 규모라고 한다.

아무런 목표도 의지도 희망도 없이 그냥 쉬는 이런 청년들이 많다는 건 커다란 사회문제가 아닐 수 없다. 자기 정체성을 발견하고 삶의 가치와 의미를 찾아 인생을 완성해가는 일은 끝없는 도전과 몰입을 통해 이루어진다. 가만히 앉아 있으면 누군가 대신 가져다주는 게 아니다.

내 정체성을 제대로 찾고 유지하기 위해서는 남하고 비교하지 말아야 한다. 자신의 정체성을 알지 못하고 자존감이 낮은 까닭에 자꾸 곁눈질하며 비교하는 것이다. 내 인생은 스스로 개척해 가는 것이다. 비교하는 순간 좌절하게 되고 자꾸만 비교할 대상이 나타난다. A와 비교하고 나서 조금 지나면 또 B와 비교하게 된다.

나는 누구인가? 나는 나일 뿐이다. 나는 나만의 권위가 있고 나만의 고유 번호가 있다. 이것이 부처가 말하는 '천상천하유아독존天上天下唯我獨尊'이다. 자신의 정체성을 인정하고 존중하는 것이 바로 자존감이다. 태어나는 순간 만들어진 내 정체성을 확실히 인식하면서 그에 맞는 역할을 하며 살면 되는 것이다.

산에 오를 때마다 아름다운 꽃들을 보며 감탄한다. 어떤 꽃은 아슬아슬한 절벽에 피어 있고, 어떤 꽃은 계곡 물가에 피어나며, 어떤 꽃은 사람이 지나다니는 등산로에 꽃망울을 터뜨린다.

똑같은 꽃인데 어떤 꽃은 부잣집 정원에서 자라고, 어떤 꽃은 가난한 산동네 계단에 자라며, 어떤 꽃은 쓰레기 더미 위에서 자란다. 어디서 자라든 꽃씨는 때가 되면 온 힘을 다해 세상에 단 하나뿐인 자신만의 꽃을 피워낸다.

그 아름다움은 비교의 대상이 아니다. 너무 일찍 피는 꽃도 있고 조금 늦게 피는 꽃도 있다. 자라는 곳과 피는 시기는 다르지만, 어느 꽃도 자신의 개화를 멈추지 않는다.

자학도 체념도 포기도 하지 않는다. 한 송이 꽃은 그 한 송이 꽃 자체로 완전하고 충만하다.

내 인생도 마찬가지다.

어디서 태어나 어떤 환경 속에서 살아가든, 때가 되면 나만의 꽃 한 송이를 피워내는 것, 그것이 나의 정체성이다.

일을 놓지 말고
봉사를 쉬지 마라

초고령 사회인 일본에서 은퇴 이후 인생 후반전을 살아가는 남성들의 낮은 행복 지수가 풀기 어려운 사회적 난제로 등장한 지 오래다.

평생 개미처럼 직장에서 일만 하던 사람들이 갑자기 퇴직한 다음부터 무엇을 해야 할지, 앞으로 남은 수십 년을 어떻게 살아야 할지 몰라 방황하는 것이다. 당연히 자존감은 떨어지고 행복 지수는 곤두박질친다. 충분히 예상되는 일임에도 불구하고 구체적으로 준비하지 않았기 때문이다.

경제력을 잃고 존재감을 상실한 남성들이 황혼이혼이나 배우자의 죽음 등을 맞닥뜨리게 되면 큰 충격을 받고 고립감에 휩싸인다. 행복한 노년은 점점 더 멀어진다. 자칫하면 고독사나 노인 자살로까지 연결된다.

우리나라도 이와 별반 다르지 않다. 현역으로 일할 때는 자신 감도 있고 패기 만만하던 사람이 은퇴한 뒤 의기소침해지고 사람들 만나는 걸 꺼리며 은둔형 인간으로 변해가는 걸 심심치 않게 볼 수 있다. 직장에서의 은퇴를 마치 인생에서 퇴장하는 것처럼 여기는 까닭이다.

직장인이든 사업가든 어차피 적정한 나이가 되면 일선에서 물러날 수밖에 없다. 당연한 일이다. 그 이후 어떻게 살 것인가, 무엇을 하며 살 것인가를 촘촘하게 설계하고 이를 위한 준비를 해야 한다. 둘러보면 할 일은 부지기수다. 찾지 않기에 없는 것처럼 보일 뿐이다.

"지금껏 죽어라 일만 했으니 은퇴하면 여행 다니고 골프 치면서 마음껏 즐기며 살 거야."

이렇게 말하는 사람들이 있다. 어지간한 부자가 아니라면 이런 생활을 이어가기 힘들지만, 설령 상당한 재력가라고 해도 자기만족을 위한 이 같은 삶이 무슨 의미가 있겠는가?

"나는 그냥 아무것도 하지 않고 먹고 자고 뒹굴면서 편안하게 여생을 보내고 싶어."

연금을 착실하게 냈다면 이렇게 살 수도 있을 것이다. 그러나 무위도식하면서 무엇도 생산하지 못하고 누구에게도 유익을 끼치지 못하는 밥벌레 같은 삶이 무슨 가치가 있겠는가?

은퇴하고 나서 손주들 돌보는 일로 소일하는 사람들도 의외로 많다. 자식을 위해 자원해서 손주 육아를 맡아 정성으로 아이를 돌보며 보람도 긍지를 느끼는 사람도 있을 것이다. 하지만 맞벌이하는 아들딸 부부의 힘든 사정을 나 몰라라 할 수 없어 마지못해 손주를 봐주는 경우가 대부분이다.

자식이 여럿이면 친손주와 외손주를 돌아가며 다 봐줘야 하기에 여간 고단한 일이 아니다. 육아에 따른 비용이나 사례를 매번 깍듯하게 계산해도 서로 불편할 수 있고, 가족이니 다 이해하리라 생각해 전혀 고려하지 않아도 오해가 생길 수 있다. 잘못하면 손주 육아 문제로 부모와 자식 사이에 크고 작은 불화가 꼬리에 꼬리를 물게 된다.

모두가 자신의 뗏목을 타고 있지 않기에 벌어지는 일이다. 인생 전반전에 타고 온 뗏목에서는 내렸는데, 인생 후반전에 타고 갈 새로운 뗏목을 타지 못한 것이다. 어떤 뗏목을 타야 할지도 모르고, 다른 뗏목으로 갈아탈 각오도 되어 있지 않은 사람이다. 그저 흘러간 뗏목만 쳐다보며 추억에 젖어 산다. 아무 하는 일 없이 빈둥거리는 노인으로 보일 뿐이다. 그러니 자식들이 손주라도 봐 달라고 요청하는 것이다. 인생 후반전을 잘 준비해 보란 듯이 새로운 뗏목을 타고 힘차게 강을 건너가는 사람에게 손주 좀 봐달라고 요청할 자식은 없다.

내 인생은 무엇인가?

내 정체성은 무엇인가?

나는 어디서 와서 어떻게 살다가 어디로 가는가?

세상에 나는 무엇을 남기고 갈 것인가?

이런 근본적인 질문을 던지지 않으니까 노욕에 휩싸이거나 무기력해지는 것이다. 나에게는 내 인생이 있고, 자식에게는 자식의 인생이 있으며, 손주에게는 손주의 인생이 있다. 손주를 돌보는 것이 내 인생의 정체성은 아니다.

노인과 어른의 차이는 뭘까?

노인은 세월 따라 나이만 먹은 사람이고, 어른은 그만큼 지혜와 경륜이 쌓인 사람이다. 노인은 대접받으려 하고 고집과 욕심만 앞세우지만, 어른은 남을 배려하면서 아량을 베풀고 가진 걸 나눈다.

어른의 품격을 갖추려면 어떻게 해야 할까?

자존감을 가지고 자기 정체성에 맞는 뗏목을 계속해서 타고 가야 한다. 그런 사람은 자연스럽게 품격이 갖춰진다. 그런 사람이라면 다 큰 자식도 아직 어린 손주도 존경하면서 우러러보게 되어 있다. 그렇지 않으니까 자식은 노느니 손주나 봐달라고 하고, 손주는 하릴없어 자기 치다꺼리나 하는 줄 안다. 시간이 지날수록 본인의 자존감만 끝없이 추락하고 만다.

타인과 의미 있는 관계를 유지하며 행복을 찾는다

삶의 질을 높이고 행복 지수를 올리기 위해서는 은퇴 이후에도 일해야 한다. 경제적 수입이 보장된 일이면 좋겠지만, 그렇지 않더라도 일상적으로 사회활동을 해야 한다는 말이다.

사회활동이란 신체적 혹은 정신적인 대외 관계와 접촉을 유지하는 모든 행위를 포함하는 개념이다. 경제활동은 물론 취미활동, 가사노동 참여, 대인 접촉이 이루어지는 지역사회 단체활동, 학습활동, 종교활동, 자원봉사활동 등이다.

몇몇 연구에 따르면 사회활동을 꾸준히 하는 노인들의 경우, 그렇지 않은 노인들보다 전반적으로 삶의 만족도가 유의미하게 높았다.

여가활동 중에서 문화예술과 스포츠 활동, 취미와 오락 활동은 통계적으로 모두 행복에 긍정적인 영향을 미치는 것으로 나타났다. 그러나 스포츠와 문화예술 활동에 직접 참여하는 것은 행복을 증대시키지만, 단순히 관람에만 머물 때는 행복이 증대되지 않는다고 한다.

한국보건사회연구원이 시행한 '2017년 노인실태조사'에 의하면, 평생교육 참여집단의 삶의 만족도는 30점 만점에 19.69점으로 비참여집단의 18.52점에 비하여 유의미하게 높았으며, 참여집단이 비참여집단보다 건강 상태, 경제 상태, 사회·여가·문화 활동, 친구·지역사회 관계 등 삶의 만족도 하위요인 전체와 삶의 만족도 총점 모두에서 더 높게 나타났다. 또한, 비참여집단과 비교했을 때 참여집단이 인지기능은 높은 데 반해 우울감은 더 낮았다.

국민건강영양조사 자료에 의한 EQ-5D 지수에 따르면 직업이 있는 경우의 삶의 질이 0.91, 직업이 없는 경우의 삶의 질이 0.89로 의미 있는 차이를 드러냈다. 결국 직장이나 여가 동호회,

친목 단체, 사회봉사단체, 종교단체, 정당, 평생교육 등에 적극적으로 참여하여 정기적인 사회활동을 하는 것이 노년의 삶의 질을 높이고 행복에 이르는 좋은 방법이 되는 것이다.

자원봉사활동은 삶의 질을 높이고 행복 지수를 올려주는 것에 더해 이타적 기쁨까지 누리게 해준다. 자원봉사란 보수를 받지 않고 자발적으로 시간을 써서 참여하는 사회 참여를 가리킨다.

국제 여론조사기구인 '월드 갤럽 폴World Gallup Poll'에서 한국인들을 표본으로 조사한 결과에 따르면 자원봉사를 할 때 캔트릴 사다리로 측정한 행복 점수는 6.3점으로 자원봉사를 하지 않을 때의 행복 지수 6.0점보다 0.3점이 증가했다. 캔트릴 척도는 미국의 심리학자 하들리 캔트릴의 이름을 따서 만들어졌으며, 그 척도가 사다리 모양으로 되어 있어서 캔트릴 사다리라고도 한다. 이 척도는 0부터 10까지로 구성되어 있다.

자신의 인생을 사다리라고 가정했을 때 0은 더 나빠질 수 없는 '최악의 상태', 10은 더 좋아질 수 없는 '최상의 상태'를 나타낸다. "당신의 삶은 0부터 10까지의 이 사다리에서 몇 점이라고 생각하십니까?"라는 질문에 답하는 방식이다.

호주에서 중년층과 고령층을 대상으로 설문조사를 한 결과 자원봉사 경험이 부정적인 정서에는 영향을 미치지 않았으나 긍정적인 정서를 높이는 데는 유의미한 영향을 끼쳤다고 한다.

타인을 위해 돈을 기부하는 것도 좋은 일이지만, 공적인 가치를 위해 시간과 노력을 들여 자신과 타인이 긍정적으로 연결되도록 하는 자원봉사 경험이 삶의 행복도를 더 높여준다고 한다. 특히 은퇴를 준비하거나 인생 후반전을 살아가는 사람들이 자원봉사를 통해 사회적 가치를 실현하면서 타인과 의미 있는 관계를 맺으면 행복한 노후를 보장받을 수 있을 것이다.

우리나라 국민의 자원봉사 참여율은 11.8%로 경제협력개발기구 평균 16.3%에 미치지 못하는 수준이다. 뉴질랜드의 자원봉사 참여율이 28.6%로 가장 높았고, 리투아니아의 자원봉사 참여율이 4.0%로 가장 낮았다. 한국의 자원봉사 참여율이 저조한 것은 개인 성향과 환경 문제도 있겠지만, 정부 차원에서 각 개인이 자원봉사를 부담 없이 할 수 있도록 더 많은 여건과 기회를 만들지 못한 탓도 있다.

내가 살았던 자리에
무엇을 남길 것인가?

"기찻길 옆 오막살이 아기, 아기 잘도 잔다."

이렇게 시작되는 동요가 있다. 아동문학가 윤석중이 작사하고 동요 작곡가 윤극영이 작곡한 이 노래는 1947년에 발표되어 많은 사랑을 받다가 교과서에까지 수록되었다.

해방 직후 무질서하고 혼란스러운 사회 속에서도 무럭무럭 자라나는 어린이들의 평화로운 모습이 서정적으로 묘사되었다. 기찻길 옆이든 바닷가든 산동네 판자촌이든 눈과 비만 막을 수 있는 곳이면 어디든 오막살이집을 짓고 살던 시절이었다. 모두가 힘들고 고단했지만, 너나없이 가난했기에 괴롭다고 생각하지 않고 현실에 적응하며 살았다.

"칙칙폭폭 칙칙폭폭."

기차 소리가 아무리 요란해도 아랑곳하지 않고 아기가 잘도 잔다는 것은 세상살이가 설령 죽을 만큼 고달프더라도 무너지거나 포기하지 않고 하루하루 살아가겠다는 굳은 다짐이기도 했다.

"도저히 못 살겠어. 이렇게 비인간적인 환경 속에서 더 산다는 건 아무런 의미가 없어."

모진 세상이었음에도 비관과 실의에 빠져 스스로 극단적 선택을 하는 사람은 드물었다.

"아이고, 지긋지긋한 내 팔자야. 기찻길 옆 오막살이 신세 언제나 벗어날 수 있으려나."

매일 하늘을 원망하면서 자책하고 한탄하며 악에 받쳐 살아가는 사람도 많지 않았다.

기찻길 옆 오막살이에서 하루 벌어 하루 먹고살면서도 늙은 부모 모시고 자식을 예닐곱 이상 낳고 살았다. 살기 너무 어려우니 입 하나라도 줄여야 한다며 아이를 낳지 않았더라면 많은 사람이 태어나지 못했을 것이고, 오늘날의 대한민국도 만들어지지 못했을 것이다. 현실에 쉬 무릎 꿇으면 미래는 주어지지 않는다. 현실을 극복해야 미래가 주어지는 법이다.

나는 아홉 남매 중 여섯째다. 부모님이 아이들을 다 챙길 수 없었다. 부지런해야 밥도 먹고 세수도 하고 학교도 갈 수 있었다. 아침 일찍 일어나는 습관은 어릴 적부터 길러진 것이다. 겨울에 따뜻한 물에 세수하려면 새벽에 일어나야 했다. 형 누나들 눈치도 봐야 했지만, 동생들 눈치도 봐야 했다. 하지만 지금껏 단 한 번도 동기간이 너무 많아 싫다고 생각해 본 적이 없었다. 살면서 형제자매들이 얼마나 큰 힘이 되었는지 모른다.

살다 보면 수많은 고난을 만나게 된다. 도저히 감당할 수 없을 것 같은 순간도 있다. 그러나 그마저도 시간이 지나면 넘어가게 되어 있다. 산다는 건 어떻게든 견디는 것이다. 정말 힘들 때는 힘들다는 생각도 들지 않는다. 겪어 보지 않은 사람이 어렵다 힘들다 말하는 것이지 실제 그 상황을 겪는 사람은 그럴 겨를조차 없다. 사람들이 지레 겁부터 먹으니까 불안하고 초조하고 우울감에 빠지는 것이다. 밤새 술 마시거나 고민하느라 잠을 못 자면 무슨 해결책이 나오는가?

걱정할 시간에 푹 자고 부딪치고 해결하면 된다. 노력해도 안 되면 할 수 없는 일이다. 또 다른 길이 열릴 것이다.

나이 팔십이 넘고 나서
절실히 깨달았다

먼 옛날 페르시아의 한 임금이 신하들에게 이런 명령을 내렸다고 한다.

"슬플 때는 기쁘게, 기쁠 때는 슬프게 만드는 물건을 찾아오너라."

어려운 문제였기에 신하들은 모여서 고민을 거듭했다. 밤새 머리를 맞댄 신하들은 이튿날 임금에게 반지 하나를 만들어 바쳤다. 임금은 반지에 새겨진 글귀를 읽고 크게 기뻐했다.

"This, too, shall pass away(이것 또한 지나가리라)."

아무리 괴롭고 힘들어도 그 시간은 분명 지나간다. 환희와 기쁨으로 가득한 시간 역시 멈추지 않고 지나간다. 올라갈 때가 있으면 내려올 때가 있고, 쥘 때가 있으면 펼 때가 있다.

요즘 젊은 세대는 이전 세대보다 훨씬 풍요로운 시대를 살고 있음에도 두려움과 불안감을 안고 힘겹게 살아간다. 자녀를 낳지 않으려는 것은 물론 결혼조차 하지 않으려는 젊은이들이 많다. 결혼도 하지 않고 자녀도 낳지 않은 채 모든 책임감과 의무감에서 해방되어 나 홀로 유유자적하게 살면 과연 편안하고 행복할까? 기찻길 옆 오막살이에 살면서 많은 아이를 낳아 기르며 사는 부부의 삶이 불행하다고 누가 말할 수 있는가?

우리 눈에는 한없이 고달파 보이겠지만, 그들은 그 일상이 지극히 평화롭고 행복할 수 있다. 불행할 것 같은 길을 피하고, 행복해 보이지 않는 것을 돌아서 가면 마침내 행복을 얻는 게 아니다. 넘어지고 찔리더라도 가야 할 길을 묵묵히 가다 보면 그 한 걸음 한 걸음이 모여 행복이 되는 것이다.

내 나이 팔십이 넘고 보니 절실히 깨달은 건,

자기 행복은 자기가 만들어 가는 것이란 사실이다.

태어나서 죽을 때까지의 모든 과정이 행복인데, 젊었을 때는 행복이 그 어딘가에 있거나 그 어떤 형체를 띈 것인 줄 잘못 알고 허상을 향해 달려가는 경우가 많다. 중간에 자꾸 남과 비교하면서 자신이 행복한가 불행한가를 따지는 건 의미 없는 일이다.

실패는 불행이고 성공은 행복이라는 이분법적인 잣대가 잘못된 것이다. 매 순간 충실하게 살면 행복과 불행을 느낄 겨를이 없다. 치열한 삶 앞에 행복도 불행도 따로 있을 수 없다.

일본 최고의 노인정신의학 전문의로 꼽히는 와다 히데키 교수는 『80세의 벽』이라는 책에서 '행복한 노후'와 '불행한 노후'를 가르는 기준을 제시한다.

그것은 노화를 받아들이고 지금 할 수 있는 일을 소중히 여기는 삶을 사느냐 아니냐 하는 것이다. 주어진 상황에 긍정적으로 반응하면서 현실에 만족하고 충실한 삶을 살면 행복한 노후를 보낼 수 있지만, 주어진 상황에 부정적 반응을 보이면서 현실에 만족하지 못한 채 적당히 살면 불행한 노후를 보내게 된다는 이야기다.

결국 내 삶의 질을 결정하는 것은 내 삶의 자세에 달렸다는 것이다. 행복은 지극히 주관적이기에 마음먹기에 따라 얼마든지 달라질 수 있다.

"예를 들면, 노화를 한탄하여 이제 이것도 할 수 없고 저것도 할 수 없다며 '없다, 없다'를 되뇌기만 하면서 사는 사람이 있고, 노화를 받아들여 아직 이것도 할 수 있고 저것도 할 수 있다며 '있다, 있다'를 소중히 여기면서 사는 사람이 있다. 어느 쪽이 행복할까? 정답은 본인만이 알겠지만, 지금까지 필자가 임상 현장에서 경험한 바로는 '있다, 있다'의 자세로 살아가는 사람들이 행복해 보였고 가족이나 주변 사람들과 즐겁게 지내는 경우가 많았다."

당연한 말이다. 이미 지나버린 인생의 전반전을 자꾸만 뒤돌아보면서 눈물과 후회로 세월을 보내는 사람과 다가올 인생의 후반전을 기대하면서 새로운 도전을 준비하는 사람의 삶이 같을 수 없다.

와다 히데키 교수에 따르면 80대 초반에 급격하게 쇠약해지는 사람들이 있는데, 이들은 대개 80세를 계기로 그동안 해오던 많은 일을 그만둔 사람들이라고 한다.

질병이나 부상으로 어쩔 수 없이 그만둔 사람도 있지만, 별다른 이유 없이 나이 먹었다는 사실에 스스로 위축되어 집 안에만 머무는 사람 중에는 체력이 급속히 떨어지면서 움직이지도 못하게 된 사람이 많다는 것이다. 마음이 먼저 포기하면 몸도 따라서 포기하기 마련이다.

호랑이는 죽어서 가죽을 남기고 사람은 죽어서 이름을 남긴다고 한다. 돈이나 건물 혹은 감투나 명예를 남기는 게 아니라 이름 석 자 남기고 가는 게 인생이다.

이름을 어디에 남기는 걸까? 역사책일까? 묘비일까? 대개는 사람들 기억 속에 남기게 된다. 여기서 사람들은 한국 사람을 가리킨다. 다른 나라 사람들이 알아줄 만큼 세계적으로 인기를 누리거나 대단한 업적을 남기지 않은 다음에야 한국인을 기억하는 건 한국인들이다. 모든 한국인이 기억할 정도로 유명해야 명예로운 것이 아니다.

내 정체성에 맞게 최선을 다해 살고, 하루하루 자족하며 살면서 가족과 이웃과 사회에 보람과 가치를 나누며 살다 가면 되는 것이다.

그 정도면 이름을 남기는 삶이요, 명예로운 삶이 아닐까?

내 배우자와 자녀들과 나를 아는 지인들로부터 그는 참 행복하게 살다 간 사람이라고 기억된다면, 그와 함께했던 모든 시간이 정말 의미 있었다고 말해준다면 제대로 이름 값하며 산 아름다운 삶, 멋진 인생이 아닐까?

'편안한 의자에 앉아서는 아무것도 할 수 없다' 나의 인생 철학은 YCDNSOYA

사실 나는 회사를 경영할 때 좀 독특한 일을 많이 벌였다.

다른 사람이 하지 않으니 독특하다고 할 수 있었으나 내 관점에서 보자면 그렇게 하는 게 당연했고, 훨씬 나아 보였다.

그중 하나가 한여름에 연하장을 발송하는 거였다. 연하장은 연말연시에 한 해 동안 고마웠던 분들에게 감사 인사를 하면서 새해에 대한 소망과 덕담을 전하는 간단한 서찰이다. 나 역시 매년 세밑이 되면 연하장을 쓰기도 하고 받기도 했다. 그런데 해마다 연말연시만 되면 습관적으로 주고받는 연하장이 별 감동도 없고 너무 형식적이 아닌가 하는 생각을 하게 되었다.

'차라리 기운 없고 힘든 여름철에 시원한 느낌의 연하장을 보내면 어떨까?'

직원들과 상의해 보니 괜찮을 것 같다는 의견이 많았다. 그래서 삼복더위에 연하장을 보내기로 했다. 1987년의 일이다. 문구와 디자인은 내가 직접 쓰거나 골랐다. 더위에 지치고 피곤할 때니까 연하장에 들어가는 그림이나 사진은 서늘한 계곡이나 파도가 넘실대는 푸른 바다나 울창한 숲 같은 것을 사용했다.

여름에 발송하는 거라서 연하장이라는 말 대신 '인사장'이라는 말을 붙였다. 한여름에 인사장을 받은 사람들의 반응은 대단히 좋았다.

처음에는 이게 뭔가 하고 어리둥절하다가 여름에 크리스마스 선물을 받은 것처럼 활짝 웃으며 반색했다. 바쁜 연말연시에 무더기로 받아보는 연하장은 제대로 읽기도 어려운데, 여름에 받아보는 인사장은 무더위를 날려주는 청량제처럼 꼼꼼히 읽고 소중히 간직하는 사람이 많았다.

사업을 처음 시작했을 무렵 미국에 있는 한 교포로부터 선물을 받았다. 넥타이였다. 사업이 잘되길 바라는 마음으로 준 것이다. 그런데 가만히 살펴보니 넥타이에는 영문 알파벳이 무늬처럼 빼곡하게 새겨져 있었다. 아무리 봐도 무슨 뜻인지 알 수 없었다. 'YCDNSOYA' 사전에도 나와 있지 않은 생소한 단어였다. 나중에 그 교포에게 무슨 말인지 물어보았다.

"You Can Do Nothing Sitting On Your Armchair라는 문장의 앞글자 한 자씩을 따서 만든 디자인입니다. '편안한 의자에 앉아서는 아무것도 할 수 없다'라는 뜻이죠."

안주하지 말고 늘 깨어 있는 자세로 일해야 한다는 경구로 비즈니스 최전선을 달리게 된 내게 딱 맞는 글귀였다.

이만하면 됐다고 안심하며 긴장의 끈을 푸는 순간 위기는 시작된다는 게 전쟁 같은 비즈니스 세계의 암묵적인 법칙이다. 사업가라면 이 말을 반드시 가슴에 새겨야 할 금과옥조라고 생각했다.

그래서 그날부터 이 문장을 내 좌우명으로 삼았다. 나뿐만 아니라 다른 사람들에게도 이 좌우명을 전파해야겠다고 마음먹었다. 그리고 넥타이를 만들었다.

'YCDNSOYA'라는 알파벳이 새겨진 전혀 다른 디자인의 넥타이였다. 이후 나는 이 넥타이를 신호그룹 가족은 물론 회사를 찾아오는 손님들과 지인들에게 선물로 나눠주었다.

인생은 홀로 걸어갈 수 없는 멀고도 고독한 길

이제 와 돌이켜 보면 나는 지금껏 살아오는 동안 좋은 사람들을 참 많이 만났다. 학교 다닐 때는 좋은 선생님들을 만났고, 직장 생활할 때는 좋은 선배들을 만났으며, 사업가가 된 뒤에는 좋은 파트너들을 만났다. 그들은 힘들고 지칠 때마다 내 손을 잡아주었고, 넘어지고 쓰러질 때마다 내 몸을 일으켜주었으며, 앞이 희미하고 캄캄할 때마다 내 눈을 밝혀주었다.

이처럼 인생에는 이끌어주고 밀어주면서 함께 걸어갈 수 있는 사람이 필요하다. 소중한 동행자가 많은 사람을 우리는 인복人福 있는 사람이라고 부른다.

하지만 '인복'이라는 말에 조금 어폐가 있다고 생각한다. 노력도 하지 않고 다른 사람의 도움을 받을 만한 행동을 전혀 한 게 없는데 갑자기 누군가 나타나 복을 베풀어주는 거라고 오해할 수 있기 때문이다. 살아보니 그런 행운은 거의 일어나지 않는다. 자기가 어떤 절실함을 가지고 최선을 다해 매진하거나 누군가를 설득하는 과정에서 도움을 받는 경우가 대부분이다.

거저 뚝 떨어지는 게 아니라 스스로 능력을 발휘한 결과로 얻어지는 게 인복이라는 말이다.

인맥은 돈이나 권력 등을 매개로 맺어질 수 있지만, 인복은 성실과 진실의 땀방울을 통해서 맺어진다. 인맥은 서로 도움을 주고받을 수 없는 상황이 되면 끊어지거나 잊히기 마련이나 인복은 본인의 성실과 진실이 변하지 않는 한 오래도록 지속된다.

내가 무슨 일을 추진할 때 어떤 이의 도움이 필요하다면 그 사람을 찾아가 진지하게 설명하고 협조를 구하면서 나를 이해할 수 있는 사람으로 만드는 게 중요하다. 내가 아무것도 하지 않는데 누군가 홀연히 나타나 도움을 주고 내 편이 되어준다는 건 있을 수 없는 일이다.

당신은 주위에 잠재적 우군을 가지고 있는가?

힘들고 지칠 때마다 내 손을 잡아줄 사람, 넘어지고 쓰러질 때마다 내 몸을 일으켜줄 사람, 앞이 희미하고 캄캄할 때마다 내 눈을 밝혀줄 사람이 얼마나 있는가?

또한, 나는 누군가에게 그런 존재로 살고 있는가?

에디 제이쿠라는 남자가 있었다. 1920년 독일에서 태어난 유대인인 그는 1938년부터 1945년까지 유럽의 여러 수용소를 전전하면서 수십 번도 넘게 죽을 고비를 넘긴 인물이다. 천신만고 끝에 겨우 탈출해 가족과 상봉하고 숨어 살기도 했지만, 이웃의 밀고로 다시 체포되어 악명 높은 아우슈비츠 수용소에서 생지옥을 경험하게 된다. 부모를 가스실에서 잃고, 목숨을 건 탈출을 시도한 뒤 민가에서 도움을 청하다 다리에 총을 맞고, 친구와 동료들이 날마다 죽어 나가고, 부모를 학살한 자들을 위해 중노동을 하면서 처참한 삶을 이어간다.

마침내 전쟁이 끝난 후 벨기에에서 난민으로 살면서 결혼한 그는 호주로 이주해 다복한 가정을 이루고 사업에도 성공한다. 너무 고통스러워 자식들에게조차 말하지 못했던 홀로코스트에서의 삶을 노년이 되면서 털어놓기 시작한 그는 1992년부터 2020년까지 시드니 유대인 박물관에서 홀로코스트 경험담을 강연하는 봉사 활동을 하게 된다.

상상할 수 없는 참혹한 일을 겪은 사람 같지 않게 은은한 미소를 띠며 자신이 '세상에서 가장 행복한 사람'이라고 말하는 그의 이야기는 전쟁이 무엇인지 모르는 많은 사람에게 큰 감동을 전해주었다.

그는 행복과 동떨어진 삶을 살았다. 어쩌면 한없이 불행한 사람이었는지도 모른다. 그런데 그는 왜 자신을 '세상에서 가장 행복한 사람'이라고 했을까?

그것은 지금 내가 살아 있는 것은 더없는 행운이고 선물이라는 인식에서 온 것이었다. 오늘의 삶을 향한 감사함이다. 그리고 아우슈비츠 수용소 친구였던 쿠르트와의 우정, 아내 플로르와의 사랑, 아들 마이클과의 만남 등 자신을 진심으로 아껴주고 사랑해준 사람들과의 순수한 관계 때문이었다.

내 삶이 더 행복하길 바라는가?
내 인생이 더 아름답길 원하는가?

그렇다면 어떻게 해야 하는지 당신은 이미 잘 알고 있다.

인생의 전반전을 다 마치지 못한 사람이든, 인생의 후반전을 막 시작한 사람이든, 이미 인생의 후반전에 깊숙이 들어와 있는 사람이든 상관없다. 나를 더 사랑하는 것이다. 남과 비교할 수 없는 온전한 나를 있는 그대로 사랑하는 것이다. 내 하루하루 순간순간을 사랑하는 것이다. 생각만 하는 게 아니라 온전히 실천하는 것이다.

에디 제이쿠가 100세 되던 해인 2020년에 펴낸 책이 『세상에서 가장 행복한 100세 노인The Happiest Man on Earth』이다. 얼어붙은 마음을 녹여주는 아름다운 언어와 손에 땀을 쥐게 하는 긴박감 넘치는 인생 이야기가 가득한 이 책에서 그는 이렇게 말한다.

"당신의 인생은 아름다울 수 있습니다.

당신이 그렇게 결정하기만 한다면 말이죠."

다시, 시작하는 인생 수업

1판 1쇄 인쇄 2023년 6월 21일
1판 1쇄 발행 2023년 6월 28일

지은이 이순국
발행인 김태웅
기획 유승준   **편집** 이미순, 유효주
표지 디자인 김윤남   **본문 디자인** 금목서향
마케팅 총괄 나재승   **마케팅** 서재욱, 오승수
온라인 마케팅 김철영, 하유진
인터넷 관리 김상규
제작 현대순
총무 윤선미, 안서현, 지이슬   **관리** 김훈희, 이국희, 김승훈, 최국호

발행처 ㈜동양북스
등록 제2014-000055호
주소 서울시 마포구 동교로22길 14(04030)
구입 문의 (02)337-1737 **팩스** (02)334-6624
내용 문의 (02)337-1763 **이메일** dymg98@naver.com

ISBN 979-11-5768-927-9 03190

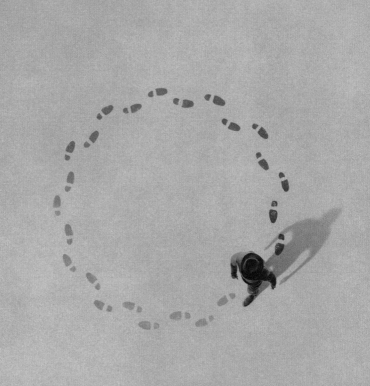